もくじ

歴史人物ドリル

偶数ページの下には「おもしろクイズ」があるよ！　歴史人物に関するクイズにチャレンジしてみてね！　答えは次の偶数ページの下にあるよ。

年表ってなんだ？！
～歴史学習をスタートするキミへ～

歴史学習で考える7つのこと

1「いつ」
2「だれが」
3「何を」
4「どこで」
5「何のために」
6「どのように」
7「どんなえいきょうをあたえたか」

1～4は年表で表すことができる！

年表のきまり

年表は、歴史上の主なできごとを年代順に整理し、簡単に表した表です。

● **時代の分け方**

①社会のしくみで分ける…中世、近世など社会のしくみがほぼ同じであった時期を、一つの時代と見立てて分ける区切りです。

②政治の中心地で分ける…平安時代、鎌倉時代など政治が行われていた場所がもとになった区切りです。

● **世紀**

西暦の100年間を１世紀と区切る表し方です。西暦１年から100年までが１世紀、現在は西暦2001年から2100年までの21世紀です。

● **西暦**

イエス＝キリストが生まれたと考えられた年を紀元１年（元年）とする年代の表し方です。

● **年号（元号）**

中国の表し方を日本で取り入れたもので、日本では645年の「大化」が始まりです。現在の年号は「令和」です。（2022年現在）

11世紀	12世紀	13世紀
1000 古代 1100		1200 中世
平安時代		鎌倉時代
一〇一六 藤原道長が摂政になる 一〇五三 平等院鳳凰堂が建てられる	一一六七 平清盛が武士で最初の太政大臣となる 一一八五 壇ノ浦の戦いで平氏がほろびる 一一九二 源頼朝が征夷大将軍になる	一二二一 承久の乱が起こる

1 きほんのドリル 卑弥呼

月　日	時　分～　時　分
名前	

人物図鑑　卑弥呼（2世紀末～3世紀前期）

プロフィール

・3世紀中ごろ（**弥生時代**）にあった**邪馬台国**の女王。

・女王になってからは、人々に姿を見せず、1000人の女の召使いに身の回りの世話をさせていた。

行ったこと

・30ほどのくにを従えた…うらないやまじないの力で人々をひきつけ、争っていたくにを治めた。

・中国の**魏**に使いを送った…魏の皇帝から「**親魏倭王**」の称号や**金印**、銅の鏡などを授かった。このことは中国（魏）の古い歴史書の「**魏志倭人伝**」に書かれている。

卑弥呼の活やく

書いてみよう　重要語句を正しく書きましょう。

やってみよう　次の問いに答えましょう。

①卑弥呼は、いくつほどのくにを従えていましたか。　[　　　　]ほど

②卑弥呼は、中国の何という国に使いを送りましたか。　[　　　　]

③卑弥呼や卑弥呼が治めていたくにのことが書いてある中国の古い歴史書を、何といいますか。　[　　　　]

確認のドリル 1 卑弥呼

月　日　時　分～　時　分
名前
/50

1 下の文は、中国の古い時代の歴史書に書かれていたものです。これを読んで、あとの問いに答えましょう。

50点（各6、(6)(7)各7）

> 倭では、男性が王であったが、従えていたくにぐにで争いが続いたので、相談して一人の女性を王にした。それが□である。
>
> 女王になった□は、ほとんど人に会わず、うらないの力で人々を従えた。宮殿では、1000人の女の召使いに身の回りの世話をさせていた。その宮殿には、物見やぐらやさくがあり、いつも兵士が守っていた。
>
> □は、中国に使いを送った。中国の皇帝はお返しに「親魏倭王」の称号と金印を授け銅鏡100枚などをおくった。

(1) 女王が中国に使いを送ったのは、239年のことです。

① これは、何世紀ですか。 [　　　　]

② このころの日本は、何時代ですか。 [　　　　]

(2) □には、同じ人物が入ります。人物名を書きなさい。 [　　　　]

(3) (2)の人物が治めたくにを、何といいますか。 [　　　　]

(4) 上の文から、そのころの中国では、日本を何と呼んでいたことがわかりますか。□から選んで書きなさい。

邪馬台国　倭　日本

[　　　　]

(5) 文中の下線部のようなことは、何のためにしていたのですか。次の文の[　]の中のことばのうち、正しいものを○で囲みなさい。

● 米づくりが広まってきて、種もみなどをめぐる争いが起きていたので、ほかのくにが[遊びにくる　せめてくる　にげてくる]のを防ぐ必要があった。

(6) この歴史書が書かれた中国の国を、何といいますか。 [　　　　]

(7) 上の文は、何という歴史書に書かれていますか。 [　　　　]

知っ得情報館　「邪馬台国はどこにあった？」

邪馬台国が実際に存在したことは、中国の歴史書で明らかです。しかし、その場所については、歴史書に書かれている魏から邪馬台国に至る道すじの読み方・方向・きょりなどの求め方で意見が分かれ、北九州説・畿内説などがあり、まだはっきりしていません。

冠位十二階で定められた、一番えらい位の冠の色は、次のうちどれ？ 〈紫　黒　赤〉

聖徳太子と小野妹子

月　日　時　分〜　時　分

名前

人物図鑑　聖徳太子(574〜622)と小野妹子(6〜7世紀)

プロフィール

・聖徳太子はおばである推古天皇の摂政として飛鳥時代に活やくした。中国への遣隋使として小野妹子を派遣した。

・天皇中心の国づくりをめざした。

行ったこと

・冠位十二階の制定…才能のある人を役人に取り立てる制度。

・十七条の憲法の制定…役人の心構えを示した法。

・法隆寺などを建てた…仏教をあつく信仰した。法隆寺は現存する世界最古の木造建造物の寺。

書いてみよう　重要語句を正しく書きましょう。

しょう　とく　たい　し　　ずい

お　のの　いも　こ

かん　い　じゅう　に　かい

冠

摂政は天皇が女性や幼少のとき、天皇にかわって政治をする役だよ。

やってみよう　次の問いに答えましょう。

①聖徳太子が、役人の心構えを示した法を、何といいますか。〔　　　　〕

②聖徳太子が建てた、奈良県斑鳩町にある現存する世界最古の木造建造物の寺を、何といいますか。〔　　　　〕

③聖徳太子が、中国に送った使いのことを、何といいますか。〔　　　　〕

この人物が生きた時代

縄文	弥生	古墳	飛鳥	奈良	平安	鎌倉	室町	安土桃山	江戸	明治	大正	昭和	平成

確認のドリル 2

聖徳太子と小野妹子

月　日　時　分〜　時　分
名前
/50

1 下の文とその右の史料を読んで、あとの問いに答えましょう。 50点（各6、(1)(2)各7）

6世紀の中ごろ、大和朝廷（大和政権）では、豪族たちの争いが続いていた。このような中で、おばの摂政となった皇子の□は、蘇我氏と組んで争いをおさめ、天皇中心の国づくりをめざす政治を行った。右の史料は、そのときに定めた法である。

第1条　人の和を大切にせよ。
第2条　仏教をあつくうやまえ。
第3条　天皇の命令には必ず従え。
第12条　地方の役人は、人民から勝手に税を取ってはならない。
（一部分をやさしくまとめたもの）

(1) 左上の文の□にあてはまる人物名を書きなさい。 [　　　]

(2) (1)の皇子が定めた、右上の法を、何といいますか。 [　　　]

(3) (2)の法は、どのようなことを示す目的で定められましたか。あてはまるものを、□から選んで書きなさい。 [　　　]

天皇の心得　人民の心得　役人の心得

(4) (1)の皇子が行った政治について、次の問いに答えなさい。

① 天皇が女性や幼少のとき、天皇にかわって政治を行う役を、何といいますか。 [　　　]

② (2)の法の第2条を実現するため、斑鳩町（奈良県）に寺を建てました。この寺を、何といいますか。 [　　　]

③ (2)の法のほかに、才能のある者を家がらに関係なく役人に取り立てるための制度をつくりました。この制度を、何といいますか。 [　　　]

④ 中国と対等に付き合うための使者を送りました。この使者のことを、何といいますか。 [　　　]

(5) 上の④の使者として、国書を持って中国に行った人物は、だれですか。 [　　　]

知っ得情報館　「厩戸王の由来」

聖徳太子は、母親が馬小屋の前に来たときに生まれたと伝えられていることに由来して「厩戸王」とも呼ばれます。「聖徳太子」と「厩戸王」は同一人物です。

紫。冠位十二階では、2つの階ずつ冠の色があてられ、紫、青、赤、黄、白、黒の順にえらい。

中大兄皇子と中臣鎌足

月　日　時　分～　時　分

名前

人物図鑑　中大兄皇子(626～671)と中臣鎌足(614～669)

プロフィール

・中大兄皇子(のち**天智天皇**)は天皇中心の政治を進め、**中臣鎌足**(のち**藤原鎌足**)は中大兄皇子を助け、**貴族**として政治にあたった。

行ったこと

・**大化の改新**…中大兄皇子と中臣鎌足らが、天皇をしのぐほどの勢力をもった豪族の蘇我氏をたおし、天皇中心の国づくりを進めた政治改革。

・土地と人民の支配…豪族が支配していた土地と人民を国が支配するものとした。

中大兄皇子と中臣鎌足の活やく

書いてみよう　重要語句を正しく書きましょう。

なかの　おお　えの　おう　じ

なか　とみの　かま　たり

そ　が　し　（蘇）

き　ぞく

初めて「大化」という年号を定めたから、大化の改新というよ！

やってみよう　次の問いに答えましょう。

①中大兄皇子は、のちに何天皇となりましたか。　[　　　]

②中臣鎌足は、のちに何という姓を授かりましたか。　[　　　]

③中大兄皇子と中臣鎌足らが協力して行った政治改革を、何といいますか。　[　　　]

この人物が生きた時代

縄文／弥生／古墳／**飛鳥**／奈良／平安／鎌倉／室町／安土桃山／江戸／明治／大正／昭和／平成

確認のドリル
3 中大兄皇子と中臣鎌足

月　日　時　分～　時　分
名前
/50

1 下の文は、聖徳太子の死後の、７世紀中ごろに行われた、政治の改革について書いたものです。これを読んで、あとの問いに答えましょう。　50点(各5)

聖徳太子の死後、蘇我氏が天皇をしのぐほどの、大きな力をもつようになった。これを見た□と中臣鎌足は、645年に蘇我氏をたおし、天皇中心の政治のしくみをつくる改革を始めた。
この改革では、それまで豪族の支配していた土地と人民を、国(天皇)が支配することとし、有力豪族は、貴族として政治に参加するしくみがつくられた。そのうえで、戸籍をつくり、それに基づいて、土地(口分田)を人民にあたえ、税を取り立てるしくみをつくった。

(1) ７世紀の初めごろに勢力をもっていたのは、何氏ですか。［　　　　］

(2) 645年、(1)をたおし、天皇を中心とする政治の改革が始まりました。
① のちに天皇となった、文中の□は、だれですか。［　　　　］
② ①に協力した中臣鎌足は、のちの貴族の何氏ですか。［　　　　］
③ この改革を、何といいますか。［　　　　］

(3) この改革で、土地と人民はどうなりましたか。［　］にあてはまることばを、□から選んで書きなさい。
●［①　　　　］が支配していた土地と人民は、
［②　　　　］が直接支配することになった。

貴族　豪族　国

(4) この改革で有力豪族は、何として政治に参加しましたか。［　　　　］

(5) この改革によって人民は、税を納めることになりました。この税について、次の①～③の説明を、右のア～ウから選び、―で結びなさい。
①租・　　・ア 織物や地方の特産物を納める。
②庸・　　・イ 稲の収穫高の約3%を納める。
③調・　　・ウ 年間10日間都で働くかわりに布を納める。

知っ得情報館　「けまりから大化の改新へ！」
蘇我氏と対立し、おとろえた「中臣」を立て直したいと考えていた鎌子(のちの鎌足)は、中大兄皇子に近づくチャンスを待っていました。ある日、けまりの会で、皇子が勢いよくまりをけったとき、くつまで飛ばしてしまったのを見た鎌子は、急いでくつを拾い、皇子に差し出しました。これをきっかけに二人は親しくなり、蘇我氏をたおして、大化の改新を実行したといわれています。

中大兄皇子が日本で最初につくらせたものは、次のうちどれ？〈暦　時計　地図〉

聖武天皇

月　日　時　分～　時　分
名前

人物図鑑　聖武天皇(701～756)

プロフィール

・仏教の力で不安な世の中をしずめようと考えた**奈良時代**の天皇(在位724～749)。奈良時代とは、奈良に都(**平城京**)があった時代のこと。

行ったこと

・**東大寺**などを建てた…奈良の都に東大寺、国ごとに**国分寺・国分尼寺**を建て、さらに東大寺に**大仏**をつくった。
・平城京からたびたび都を移した…政治を安定させるため。
・**遣唐使**の派遣…中国(**唐**)の政治制度や文化を取り入れるため、唐に遣唐使や留学生を送った。

聖武天皇の活やく

都は藤原京から**平城京**（奈良）に移る
奈良時代の始まりだシカ

当時、病気の流行や災害により、社会に不安が広がっていた
政治を安定させるため都を変えるぞ！
え!? また？
聖武天皇

いっこうに世の中がよくならない…
よし！仏教の力で世の中をよくしよう！
東大寺や**国分寺**を建てて

大仏もつくった
これだけやれば安心…！
フィ～～ッ
心配しすぎじゃ…

書いてみよう　重要語句を正しく書きましょう。

しょう　む　てん　のう　［　　　　］
へい　じょう　きょう　［　　　］
とう　だい　じ　［　　　］
けん　とう　し　［遣　　］

正倉院の宝物の中には、西アジアやインドなどから伝わったものもあるよ。

やってみよう　次の問いに答えましょう。

①聖武天皇は、何時代の天皇ですか。［　　　］
②聖武天皇は、不安な世を何の力でしずめようと願いましたか。［　　　］
③聖武天皇は、②のために東大寺に何をつくりましたか。［　　　］
④聖武天皇愛用の宝物が納められているのは、どこですか。［　　　］

この人物が生きた時代

縄文	弥生	古墳	飛鳥	奈良	平安	鎌倉	室町	安土桃山	江戸	明治	大正	昭和	平成

確認のドリル 4 聖武天皇

月　日　時　分〜　時　分
名前
/50

1 下の聖武天皇についての年表と写真を見て、あとの問いに答えましょう。

50点(各8、(1)(2)各5)

年	主なできごと
七〇一	天皇の皇子として生まれる
七一〇	都が平城京(奈良)に移される
七二〇	九州で反乱が起こる
七二四	天皇の位につく
七三七	都で伝染病が流行する
七四〇	貴族の反乱が起こる
〃	都を山背国(京都府)に移す
七四一	国分寺を建てる命令を出す
七四三	大仏をつくる詔を出す
七四四	都を摂津国(大阪府)に移す
〃	都を近江国(滋賀県)に移す
七四五	都を平城京にもどす
七四七	大仏づくりが始まる
七四九	天皇の位を退く
七五二	大仏開眼式が行われる
七五六	なくなる

□の宝物　聖武天皇の愛用品

(1) 聖武天皇が天皇の位についたときの都を、何といいますか。[　　　　]

(2) (1)の都は、今の何県にありましたか。[　　　　]

(3) 聖武天皇が政治を安定させ、社会不安をおさめるために行ったことを書いた、次の文の(　)にあてはまることばを、□から選んで、○で囲みなさい。

① 740年、都を平城京から(　)国へ移した。

近江　摂津　山背

② 仏教の力で不安な世を安らかにしようと願い、国ごとに(　)を建てる命令を出した。

国分寺　東大寺　法隆寺

(4) 聖武天皇は、中国の進んだ政治のしくみやすぐれた文化を学ぶため、使者や留学生を送りました。次の問いに答えなさい。

① このときの中国の国名を、何といいますか。[　　　　]

② この使者を、何といいますか。[　　　　]

③ 上の写真の□にあてはまることばを書きなさい。[　　　　]

知っ得情報館　「世界とつながる正倉院宝物」

宝物の中には、ローマと中国を結ぶシルクロード(絹の道)を通って伝えられたものがありました。

時計。「660年に中大兄皇子がつくらせた」と「日本書紀」に書かれている。当時の時計はいわゆる水時計だった。

きほんのドリル

5 行基（ぎょうき）

月	日	時	分〜	時	分
名前					

人物図鑑　行基(668〜749)

プロフィール

・奈良時代に活やくした僧で「菩薩」と呼ばれた。

・渡来人の子孫といわれ、土木技術の知識をもっていた。

行ったこと

・**農民の生活を支えた**…全国をめぐって人々に**仏教**の教えを説きながら、道や橋、池や水路などをつくる工事を指導した。

・**東大寺の大仏づくり**…**聖武天皇**の詔(天皇の命令)により東大寺の大仏づくりに協力した。多くの物資や資金を集め、人々の力を集結することにつとめた。

行基の活やく

書いてみよう　重要語句を正しく書きましょう。

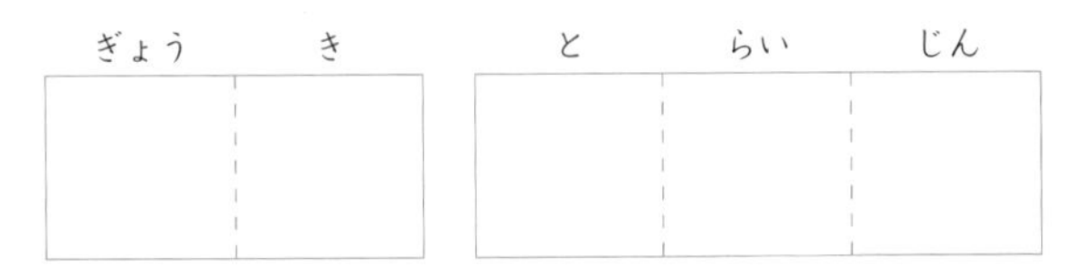

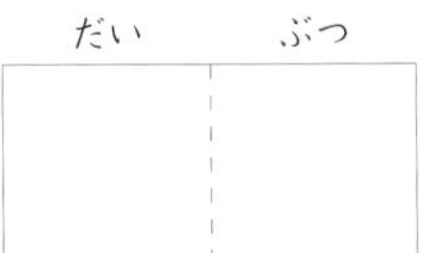

大仏づくりには、すぐれた技術をもった渡来人やその子孫の人たちが大勢活やくしたよ。

やってみよう　次の問いに答えましょう。

①行基は、何時代に活やくした僧ですか。　[　　　　]

②行基は、仏教の教えを説きながら、どんな社会事業を行いましたか。

[　　　　　　　　　　]

③行基は、だれの命令で大仏づくりに協力しましたか。　[　　　　]

月　日　時　分〜　時　分
名前
/50

1 下の文は、行基について書いたものです。その右の絵は、大仏づくりのようすです。これを見て、あとの問いに答えましょう。

50点(各8、(1)各5)

行基は、各地をめぐり、それまでの貴族のための仏教を、一般の人々に広めるとともに、いろいろな社会事業も行った。このため人々は、行基を□とあがめた。この行基に聖武天皇は、大仏づくりへの協力を命じ、大僧正という位をあたえた。行基は、大仏づくりに大きな働きをした。

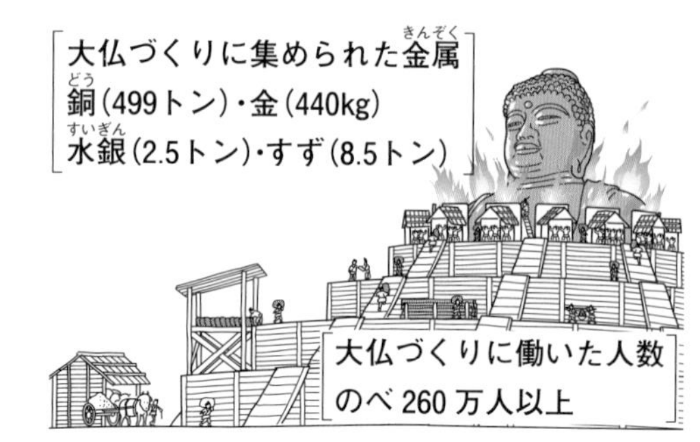

(1) 行基は、各地をめぐって仏教の教えを説きました。

① どういう人々に、仏教を広めようとしましたか。 [　　　　]

② それまで仏教は、どういう人のためのものでしたか。 [　　　　]

(2) 行基は、仏教を広めるとともに、いろいろな社会事業を行いました。

① 行基が行った社会事業を、次の□から選び、○で囲みなさい。

古墳をつくる　　橋・道・池などをつくる　　人々に金をあたえる

② 上の文の□にあてはまることばを書きなさい。 [　　　　]

(3) 大仏づくりについて、次の問いに答えなさい。

① 大仏づくりには、のべ何人以上の人が働きましたか。 [　　　　]以上

② 大仏づくりにもっとも多く使われた金属は、何ですか。 [　　　　]

③ 次の文の(　)には同じことばが入ります。□から選んで書きなさい。

●大仏づくりには、すぐれた技術をもった(　)たちも協力した。(　)は、中国や朝鮮半島から日本にやってきた人たちである。 [　　　　]

遣唐使　　渡来人　　訪問者

知っ得情報館　「大仏づくりのころの農民のくらし」

「…綿も入っていないぼろぼろの着物を着て、かたむいた家の中に住んでいる。…かまどには火の気もなく、米をむす器にはくもの巣が張っている。…それなのに、税を取り立てる役人がやってくる。…世の中とは、これほどまでにどうにもならないものであろうか。」(「貧窮問答歌」一部をやさしく書き直したもの)

鑑真は、日本への渡航に5回失敗したが、このうち嵐による船の難破の失敗は何回？〈1回　2回　5回〉

6 きほんのドリル 鑑真（がんじん）

月　日　時　分～　時　分
名前

人物図鑑　鑑真(688～763)

プロフィール

・奈良時代に中国（唐）から来日した名僧。

・日本への渡航は何回も失敗し、6回目についに来日に成功したが、そのとき両目の視力を失っていた。

行ったこと

・日本の**仏教**の発展につくした…日本に正式な仏教を広めたいと考えていた**聖武天皇**の求めに応じて、苦難を乗り越え来日した。

・**唐招提寺**を建てた…鑑真が奈良に建てた、僧たちが学ぶための寺院。

鑑真の活やく

書いてみよう　重要語句を正しく書きましょう。

がん　じん　［　　］［　　］

とう　の　めい　そう　［　　］［の］［　　］［　　］

ぶっ　きょう　［　　］［　　］

とう　しょう　だい　じ　［　　］［　　］［　　］［　　］

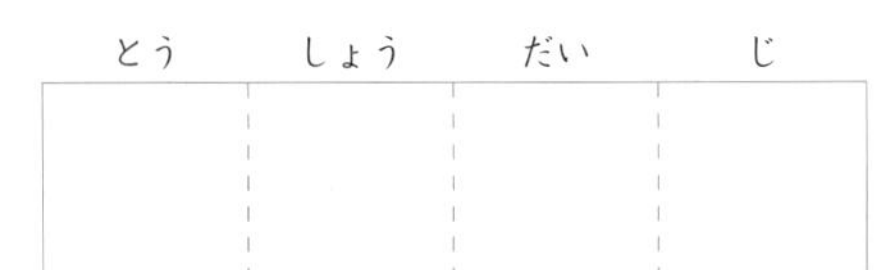

平城京（奈良）は、唐（中国）の都である長安にならってつくられたんだよ。

やってみよう　次の問いに答えましょう。

①鑑真は、どこの国の僧ですか。　［　　　　］

②鑑真に、日本へ僧を派遣するように求めたのは、何天皇ですか。　［　　　　］

③上の②の天皇は、日本の仏教をどうしたいと考えていましたか。

［　　　　　　　　］

この人物が生きた時代

縄文	弥生	古墳	飛鳥	奈良	平安	鎌倉	室町	安土桃山	江戸	明治	大正	昭和	平成

鑑真

月　日　時　分～　時　分
名前
/50

1 下の文は、日本に仏教の正しい教えを広めた僧について書いたものです。これを読んで、あとの問いに答えましょう。　50点(各5)

聖武天皇は、遣唐使や留学生を送って、進んだ唐の政治制度や文化を学ばせた。また、日本に正式な仏教を広めたいと考え、□に弟子の中から日本にわたってくれる僧のすいせんをたのんだ。しかし、引き受ける弟子がいなかったので、□は、自ら日本に行く決意をした。ぼう害や船の難破にあって何度も失敗し、失明してしまったが、決心を変えず、6回目にようやく日本に来ることに成功した。□はまず、東大寺で正しい仏教の教えを伝え、唐招提寺をつくり、日本の仏教の発展につくした。また、建築や薬学の知識も伝えた。

(1) 聖武天皇は、中国の進んだ政治制度や文化を学ぶため、使いや留学生を送りました。
① このときの中国は、何という国でしたか。　[　　　]
② ①の国の都は、何といいましたか。　[　　　]
③ この使いを、何といいますか。　[　　　]

(2) □には、同じ人物名が入ります。人物名を書きなさい。　[　　　]

(3) 聖武天皇は、(2)の人物に僧の派遣をたのみました。
① 何のためにたのんだのですか。　[　　　]
② (2)の僧は、何回目に日本に来ることができましたか。　[　　　]

(4) (2)の僧は、753年に日本にやって来ました。
① (2)の僧が日本に来たとき、大仏はできていましたか。　[　　　]
② まずどこで、正しい仏教の教えを伝えましたか。　[　　　]
③ この僧がつくった寺を、何といいますか。　[　　　]
④ 仏教の教えのほかに、どんなことを伝えましたか。　[　　　]

知っ得情報館　「遣唐使はどのくらい送られたの？」

630年に第1回が送られ、894年に中止されるまでの約260年間に、十数回送られています。遣唐使は、大使のほかに留学生・留学僧など500人ほどが4そうの船に分乗して出かけました。4そうで出かけても、4そうとも無事に唐に着くことは少なく、無事に往復して日本に帰り着くものは、もっと少なかったのです。

2回。残りの3回は密告。危険を伴う渡航を弟子たちが心配し、訪日を認めていなかった唐の皇帝に密告していた。

藤原道長

月　日　時　分～　時　分
名前

人物図鑑　藤原道長(966～1027)

プロフィール

・平安時代の貴族で、中臣鎌足の子孫。平安時代とは、京都に都(平安京)があった時代。

行ったこと

・摂関政治…天皇が幼いときは「摂政」、天皇が成人すると「関白」という役職について行った政治。むすめ４人を天皇のきさきにし、天皇との結びつきを強めた。長男の頼通と最盛期をつくった。

・「もち月(満月)の歌」…「世の中すべてが思い通りだ」という意味の歌。私有地である荘園を支配し、寝殿造のやしきではなやかなくらしを送った。

藤原道長の活やく

書いてみよう　重要語句を正しく書きましょう。

ふじ	わらの	みち	なが

ふじ	わらの	より	みち

しょう	えん

びょう	どう	いん	ほう	おう	どう
			鳳	凰	堂

平等院鳳凰堂は、頼通が京都の宇治に建てた寺だよ。

やってみよう　次の問いに答えましょう。

① 道長は、どのようにして天皇の親せきになりましたか。
[　　　　　　　　　　]

② 道長と頼通が最盛期をつくった政治を、何といいますか。[　　　　　]

③ 貴族が住んでいたやしきのつくりを、何といいますか。[　　　　　]

この人物が生きた時代：縄文／弥生／古墳／飛鳥／奈良／**平安**／鎌倉／室町／安土桃山／江戸／明治／大正／昭和／平成

7 確認のドリル 藤原道長

月　日　時　分〜　時　分

名前

/50

1 下の藤原道長についての年表と写真を見て、あとの問いに答えましょう。

50点(各6、(4)8)

年	主なできごと
一〇二七	なくなる
一〇一九	僧となる
〃	太政大臣をやめる
一〇一八	三女威子を後一条天皇のきさきとする
一〇一七	摂政を長男頼通にゆずり、太政大臣となる
一〇一六	摂政となる
一〇一二	次女妍子を三条天皇のきさきとする
一〇〇〇	長女彰子を一条天皇のきさきとする
九九六	左大臣となる
九九五	氏の長者となる
九六六	藤原兼家の子として生まれる

(1) 藤原道長が生きたのは、何時代ですか。 [　　　　]

(2) この時代の都は、何といいますか。 [　　　　]

(3) 藤原道長について、次の問いに答えなさい。

① どのようにして朝廷での実権をにぎりましたか。次の文の[　]にあてはまることばを書きなさい。

●自分の[ア　　　　]を天皇の[イ　　　　]とし、その子を次の天皇に立て、天皇の親せきとして勢力をふるった。

② 長男に摂政をゆずり、自分はどんな役につきましたか。 [　　　　]

③ 三女が天皇のきさきとなったとき、次の「もち月(満月)の歌」をよみました。[　]にあてはまることばを書きなさい。

●「この世をば [　　　　]とぞ思ふ　もち月の　かけたることもなしと思へば」

(4) 上の写真は、京都府宇治市にある平等院鳳凰堂で、藤原道長の別荘を寺に建てかえたものです。この寺を建てたのは、だれですか。 [　　　　]

(5) 貴族の経済力のもとになった私有地を、何といいますか。 [　　　　]

知っ得情報館　「貴族は都でどんなくらしをしていたの？」

都で貴族たちは、朝廷の決めた儀式や行事を行うのが政治・仕事だと考えてくらしていました。その儀式・行事には大変な数があり、正月などは、約50もの儀式や行事がありました。そして、その一つひとつの行事には、細かい決まりがあって、その通りに行うことが貴族の仕事でした。それをまちがえないよう、必死の努力をしていました。

紫式部が書いた「源氏物語」。全54帖だが、400字詰原稿用紙にしたら約何枚？〈1400枚 2400枚 5400枚〉

きほんのドリル 8
紫式部と清少納言

月　日	時　分～　時　分
名前	

人物図鑑　紫式部(978？～11世紀初)と清少納言(966？～11世紀初)

プロフィール

- **紫式部**と**清少納言**はともに平安時代の文学者。
- 漢字をくずしてつくられた**かな文字**で作品を執筆した。

行ったこと

- 紫式部は「**源氏物語**」を執筆…天皇のきさきだった藤原道長のむすめに教育係として仕えた。その経験から、貴族のはなやかな生活を「源氏物語」に著した。
- 清少納言は「**枕草子**」を執筆…天皇の別のきさきに教育係として仕えた経験をもとに、**随筆**「枕草子」を著した。

紫式部と清少納言の活やく

書いてみよう　重要語句を正しく書きましょう。

むらさき　しき　ぶ（紫）　　げん　じ　もの　がたり

せい　しょう　な　ごん

まくらの　そう　し

ひらがなは、漢字のくずし字から、カタカナは、漢字の一部をとってできたんだ。

やってみよう　次の問いに答えましょう。

①天皇のきさきに仕え、「源氏物語」を書いたのは、だれですか。［　　　　］

②清少納言が著した随筆を、何といいますか。［　　　　］

③上の①の人物が著した文学作品や②の随筆は、どのような文字で書かれましたか。

［　　　　］

この人物が生きた時代

縄文／弥生／古墳／飛鳥／奈良／平安／鎌倉／室町／安土桃山／江戸／明治／大正／昭和／平成

確認のドリル 8

紫式部と清少納言

月　日　時　分～　時　分

名前

/50

1 下のかな文字の成立、貴族の生活のようすの絵、平安時代の文化のようすを書いた文などの資料を見て、あとの問いに答えましょう。　50点（各8、(4)各5）

安　以　宇　衣　於
↓　↓　↓　↓　↓
↓　↓　↓　↓　↓
あ　い　う　え　お

阿　伊　宇　江　於
↓　↓　↓　↓　↓
ア　イ　ウ　エ　オ

かな文字の成立

貴族の生活のようすをえがいた大和絵

平安京で貴族のはなやかな生活が続く中、遣唐使が停止され、大陸のえいきょうが少なくなると、日本独特の文化が生まれた。日本の風景をえがいた大和絵が生まれ、貴族の女性は十二単を正装として着用し、かな文字による文学作品も生まれた。

(1) 上の文の下線部の文化を、何といいますか。[　]から選び、○で囲みなさい。

[国風文化　大和文化]

(2) 貴族がくらしたやしきのつくりを、何といいますか。[　　　]

(3) かな文字の成立について、次の問いに答えなさい。

① かな文字は、何からできましたか。[　　　]

② かな文字は、主にどういう人の間で使われましたか。[　　　]

(4) かな文字を使った文学作品について、次の問いに答えなさい。

① 紫式部が書いた、日本を代表する文学作品は、何ですか。

[　　　]

② 宮中での体験をもとに、「枕草子」を著したのは、だれですか。

[　　　]

(5) 上の絵の女性が着ている服装を、何といいますか。[　　　]

知っ得情報館　「紫式部と清少納言はライバルだった！」

清少納言は紫式部より12才ほど年上でした。二人とも一条天皇のきさき（中宮）に仕えています。清少納言が仕えたきさきの定子は、道長の兄の道隆のむすめです。道隆は道長のライバルでした。道長はむすめ彰子を一条天皇のきさきとしました。そこに仕えたのが、紫式部だったのです。

2400枚。昼は勤めに出ていたので、毎晩おそくまで書き続け、約5年間でこの長編小説を書き上げたらしい。

平清盛

月　日　時　分～　時　分
名前

人物図鑑　平清盛（1118～1181）

プロフィール

・平安時代末期の武士。**平氏**のかしら（棟梁）で西国（西日本）を中心に勢力をのばした。

行ったこと

・政治の実権をにぎった…**平治の乱**で源氏を破り、貴族の藤原氏にかわって政治を行うようになった。武士として最初の**太政大臣**となった。
・中国（**宋**）と貿易を行った…兵庫の港（今の神戸市）を整備し、宋との貿易を進めた（**日宋貿易**）。
・**厳島神社**（広島県）を保護した…勢力をもつ瀬戸内海での航海の安全を願い、厳島神社を信仰した。

平清盛の活やく

書いてみよう　重要語句を正しく書きましょう。

たいらの　きよ　もり
へい　じ　の　らん
だい　じょう　だい　じん
にっ　そう　ぼう　えき

厳島神社は世界文化遺産に登録されているよ。

やってみよう　次の問いに答えましょう。

①平安時代末期、武士は力のある者を中心にまとまり、武士団をつくりました。そのうち、特に力をのばしたのは、何氏と何氏ですか。［　　　と　　　］

②武士として初めて太政大臣となったのは、だれですか。［　　　］

③上の②が航海の安全を願って保護した神社を、何といいますか。［　　　］

平清盛

月　日　時　分〜　時　分

名前

/50

1 下の絵と文は、貴族を巻きこんだ武士の戦いのようすです。これを見て、あとの問いに答えましょう。

50点(各7、(1)②・(2)③各5)

平安時代末期になると、朝廷や貴族は、争いをしずめるために武士の力を借りるようになった。このころ、対立を深めていた源氏と平氏は、朝廷で対立している二人の貴族とそれぞれ結びついて、貴族を巻きこんだ武士の戦いとなり、平清盛の率いる平氏が源氏を破った。この戦乱を□といい、勝利した平氏は勢力を強めた。

左の絵は、この戦乱をえがいたものである。

(1) 上の戦乱について、次の問いに答えなさい。

① 朝廷内で対立したのはどういう人ですか。［　　　　］

② 対立する①の二人とそれぞれ結んだのは、武士の何氏と何氏ですか。

［　　　　］［　　　　］

③ □に入る戦乱の名称を書きなさい。［　　　　］

(2) この戦乱に勝利した平氏について、次の問いに答えなさい。

① かしら(棟梁)は、だれですか。［　　　　］

② ①は武士として初めて、朝廷での最高の位につきました。何という位ですか。

［　　　　］

③ ①は藤原氏と同じような政治を行いました。次の文の(　)にあてはまることばを、□から選んで、○で囲みなさい。

●むすめを(　)のきさきとし、生まれた皇子を、わずか2才で(　)とし、権力をふるった。

貴族　天皇　摂政

(3) 平氏が中国と行った貿易を何といいますか。［　　　　］

知っ得情報館 「平氏は日宋貿易で大もうけ！」

平氏は、西国を中心とする領地からの収入のほかに、政権につく以前から中国(宋)との貿易を行って収入を得ていました。政権をにぎってからは、大輪田泊(今の神戸港)を整備して、貿易を盛んにしました。宋からは、香料・薬・織物・宋銭などを輸入し、日本からは金・銀・刀などを輸出し、宋銭などは日本でも広く用いられました。

平清盛には8人のむすめがいたが、そのうち、天皇のきさき(中宮)になったのは何人？

月　日　目標時間 15分
名前
/100

1 右の年表を見て、あとの問いに答えなさい。

56点(各3、(3)2)

時代	年	主なできごと
縄文		
あ	239	邪馬台国のアが中国に使いを送る
古墳		
い	593	イがおばの摂政となり改革を行う
	604	十七条の憲法が定められる
	645	ウ(のち天智天皇)やエ(のち藤原鎌足)らが蘇我氏をたおす
奈良	710	平城京に都が移る
	743	オが大仏をつくる詔(天皇の命令)を出す
	752	大仏が完成する
う	794	平安京に都が移る
		国風文化が生まれ、カが「源氏物語」を著す
	1016	貴族のキが摂政となる
	1159	平治の乱が起こる
	1167	クが武士として初めて太政大臣となる

(1) 年表中のあ～うの時代名を漢字で書きなさい。

あ[　　　　]時代
い[　　　　]時代
う[　　　　]時代

(2) 年表中のア～クにあてはまる人物を□から選び、番号で答えなさい。

ア[　　]　イ[　　]
ウ[　　]　エ[　　]
オ[　　]　カ[　　]
キ[　　]　ク[　　]

①藤原道長　②聖徳太子
③聖武天皇　④中大兄皇子
⑤卑弥呼　⑥中臣鎌足
⑦平清盛　⑧紫式部

(3) 上の□の①～⑧のうち、女性は何人いましたか。　[　　　]人

(4) 次のことがらと関係の深い人物を、(2)の□から選び、人物名を漢字で書きなさい。

①正倉院の宝物[　　　　]　②厳島神社[　　　　]
③法隆寺[　　　　]　④「魏志倭人伝」[　　　　]

(5) 聖徳太子、聖武天皇、平清盛の時代、中国はそれぞれ何という国でしたか。□の中にひらがなで書かれた国名から選び、漢字1字に直して書きなさい。

①聖徳太子[　　　]　②聖武天皇[　　　]
③平清盛[　　　]

とう　ずい　そう

2 次の人物画とその説明を読んで、あとの問いに答えなさい。 26点(各4、(2)2)

ア 遣隋使として中国へわたった。
イ 平治の乱で対立する源氏を破り、太政大臣となった。
ウ 苦心して来日し、日本の仏教の発展につくした唐の名僧。
エ この世に満足している気持ちを「もち月(満月)の歌」によんだ。
オ 随筆「枕草子」の作者。
カ 大仏づくりに貢献した僧。

(1) 上の人物の名前を書きなさい(ア・オは想像図です)。

ア[　　　] イ[　　　] ウ[　　　]
エ[　　　] オ[　　　] カ[　　　]

(2) カの下線部の大仏は、何という寺につくられましたか。 [　　　]

3 下の文を読んで、あとの問いに答えなさい。 18点(各3)

Ⓐ都が京都に移ると、やがて朝廷の政治は、一部のⒷ有力な貴族によって動かされるようになった。なかでも、Ⓒ中臣鎌足の子孫であるⒹ藤原氏が力を強め、朝廷の高い位についた。

(1) 下線部Ⓐの都を、何といいますか。

[　　　]

(2) 下線部Ⓑの貴族たちがくらしていたやしきのつくりを、何といいますか。 [　　　]

(3) 下線部Ⓒの人物が、中大兄皇子と行った政治の改革を、何といいますか。 [　　　]

(4) 下線部Ⓓのうち、死後の極楽浄土を願って、宇治(京都府)に平等院鳳凰堂を建てたのは、だれですか。

[　　　]

(5) 下線部Ⓓをはじめ、貴族が都ではなやかなくらしをしているうちに、地方では武士が生まれました。なかでも、天皇家を祖先とする家がらの2氏が特に大きな力をもつようになりました。この2氏を書きなさい。[　　　]氏 [　　　]氏

1人(徳子)。高倉天皇のきさきとなり建礼門院と呼ばれた。壇ノ浦の戦いでわずか8才で崩御した安徳天皇の母。

月　日　時　分～　時　分
名前

源義経

人物図鑑　源義経(1159～1189)

プロフィール

・平安時代末期の**源氏**の武将。源頼朝の弟で「戦いの天才」といわれる。
・少年期を**平泉**(岩手県)の**奥州藤原氏**のもとで過ごし、東国の武士が得意とする騎馬による戦い方(騎馬戦)を身につけていた。

行ったこと

・平氏をほろぼした…兄の頼朝を助けて平氏と戦い、**一ノ谷の戦い**(兵庫県)、**屋島の戦い**(香川県)に勝利した。**壇ノ浦の戦い**(山口県)で平氏をほろぼしたが、この功績に対し朝廷から位を受けたことにより頼朝と対立した。

源義経の活やく

打倒平氏と集まった武士たちの中に、戦いの天才源義経がいた
家来 武蔵坊弁慶
幼名 牛若丸

平泉で過ごした少年時代に武術(騎馬戦)を身につけた
戦のことならまかせろ!

壇ノ浦の戦いで実力を発揮し兄の頼朝とともに勝利した
VICTORY!
よくやった!
やったね!にいちゃん
源頼朝

しかしその後、位をめぐり頼朝と対立し、頼朝方にせめられ死去
ひどいやにいちゃん…

書いてみよう　重要語句を正しく書きましょう。

みなもとの　よし　つね
げん　じ
おう　しゅう　ふじ　わら　し
や　しま
だん　の　うら
壇

やってみよう　次の問いに答えましょう。

①義経が少年期を過ごしたのは、東北地方のどこですか。　[　　　]

②義経は、①でどのような戦い方を身につけましたか。　[　　　]

③平氏をほろぼしたのは、何という戦いですか。　[　　　]

この人物が生きた時代
縄文｜弥生｜古墳｜飛鳥｜奈良｜平安｜鎌倉｜室町｜安土桃山｜江戸｜明治｜大正｜昭和｜平成

月　日　時　分～　時　分
名前
/50

確認のドリル 11 源義経

1 下の義経のことを書いた文を読み、源氏軍の進路の地図を見て、あとの問いに答えましょう。

50点(各8、(1)10)

義経は、少年時代を□で過ごしたので、馬に乗った戦い方を身につけていた。それは、騎馬戦を得意とする東国武士とともに過ごしていたからである。

頼朝が平氏をたおす戦いを始めると、義経は、東国の騎馬団を率いて参戦した。

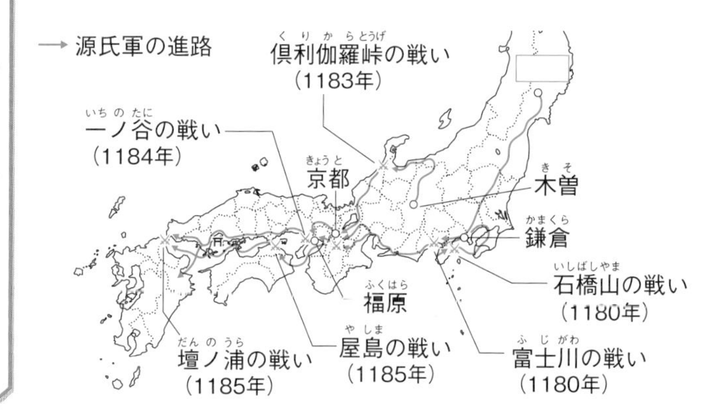

(1) 上の文と地図中の□には、同じ地名が入ります。地名を書きなさい。

[　　　　]

(2) 上の文中の東国とは、どの地域のことですか。下の[　]の中からあてはまるものを選び、○で囲みなさい。

[九州や四国地方　関東や東北地方　近畿や中国地方]

(3) 騎馬団を使い急な斜面をかけおりて、平氏の背後からせめ入って勝利した、今の兵庫県での戦いを、何といいますか。[　　　　]

(4) 源平の戦いで最後になった戦いを、何といいますか。[　　　　]

(5) (4)の戦いで、平氏はどうなりましたか。[　　　　]

(6) 源氏の軍を率いて平氏をほろぼした義経は、頼朝のいる鎌倉に入ることが許されませんでした。次の文の[　]にあてはまることばを□から選んで書きなさい。

● 頼朝の許可なく[　　　　]から位を受けたため、頼朝のいかりをかった。

貴族　朝廷　平氏

知っ得情報館　「義経はチンギス＝ハン？」

義経は自害したとみせて北海道に落ちのび、そこからモンゴルに行って、初代皇帝チンギス＝ハンになったという話があります。これは、英雄の悲劇的な最期に同情する人々の気持ちから生まれた想像の話として広まったのです。

源平の戦いがルーツになったのは、次のうちどれ？〈騎馬戦　ダーツ　紅白戦〉

きほんのドリル 12

源頼朝

月	日	時	分〜	時	分

名前

人物図鑑　源頼朝（1147〜1199）

プロフィール

・源氏のかしら（棟梁）で東国（東日本）を中心に勢力をのばし、**鎌倉幕府**の初代将軍となった。

行ったこと

・鎌倉幕府を開いた…国ごとに**守護**（軍事や警察）、荘園や公領ごとに**地頭**（犯罪の取りしまり・年貢の取り立て）を置き、鎌倉（神奈川県）に幕府を開いた。朝廷から**征夷大将軍**に任命された。

・武士社会の基礎をつくった…将軍と家来の武士（**御家人**）の間に「**ご恩と奉公**」の関係を結んだ。将軍は御家人に領地を与え、御家人は幕府のために戦うというもの。

源頼朝の活やく

書いてみよう　重要語句を正しく書きましょう。

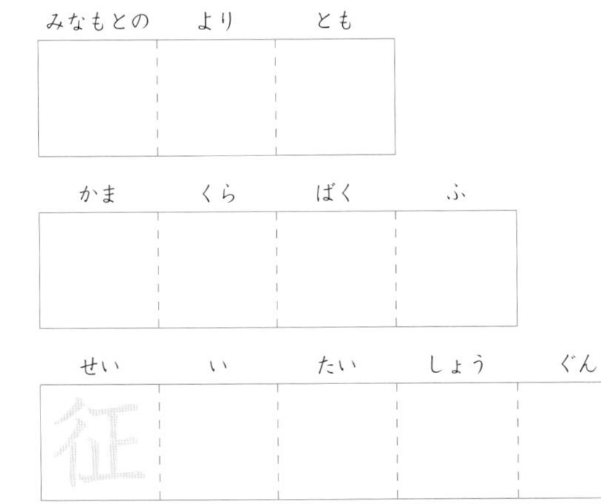

関東の各地には、今でも鎌倉街道といって、幕府のあった鎌倉への道が残っているんだ。

やってみよう　次の問いに答えましょう。

①頼朝が朝廷から任じられた役を、何といいますか。　［　　　　］

②頼朝が開いた幕府を、何といいますか。　［　　　　］

③頼朝が家来と結んだ関係を、何といいますか。　［　　　と　　　］

④頼朝が軍事や警察のために置いた役を、何といいますか。　［　　　　］

この人物が生きた時代

縄文	弥生	古墳	飛鳥	奈良	平安	**鎌倉**	室町	安土桃山	江戸	明治	大正	昭和	平成

月　日　時　分～　時　分

名前

/50

12 確認のドリル 源頼朝

1 将軍(幕府)と武士(御家人)の関係について、下の文を読んで、あとの問いに答えましょう。

50点(各6、(2)②各5)

平氏をたおした頼朝は、根拠地としてきた鎌倉に幕府を開いて、武家政治を始めた。そして、1192年、武士のかしらである官職に、朝廷から任じられた。

頼朝は、家来となった武士たちと、主従の関係を結んでいた。この主従の関係を、「ご恩と奉公」の関係という。

頼朝の死後、尼となった妻の政子は、幕府の危機のとき、鎌倉武士たちに頼朝のご恩を説いて団結させた。

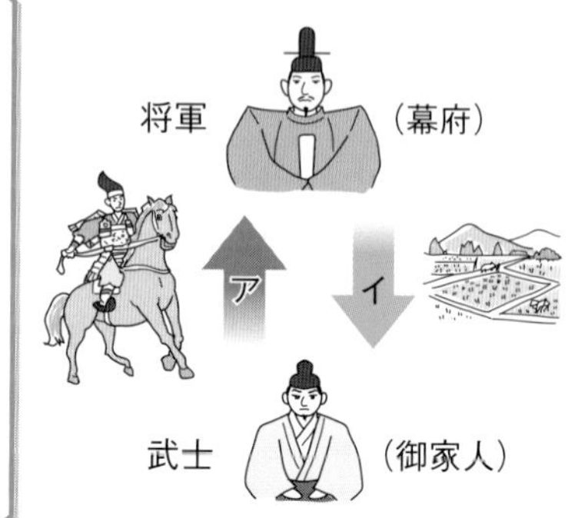

(1) 上の文の下線部の官職を、何といいますか。　[　　　　]

(2) 頼朝は、武家政治を始めるために、武士の社会のしくみをつくる準備をしました。このことについて、次の問いに答えなさい。

① 次の文の[　]に、あてはまることばを書きなさい。

Ⓐ 頼朝は、家来になった武士たちに、先祖からの[あ　　　　]の所有を認め、また、手がらを立てた武士に新しい[あ]をあたえた。

Ⓑ 武士たちは、戦いが起これば「いざ[　　　　]」とかけつけ、頼朝のために戦った。

② 上の絵のア・イと、①のⒶ・Ⓑは、ご恩と奉公のことです。それぞれにあてはまるものを、ア・イとⒶ・Ⓑで書きなさい。

ご恩[　　]・[　　]　奉公[　　]・[　　]

(3) 関東地方には、鎌倉に通じる多くの道が現在も残っています。この道を何といいますか。　[　　　　]

(4) 頼朝の死後、幕府が朝廷からせめられたとき、頼朝のご恩をうったえて、鎌倉武士を団結させた人は、だれですか。　[　　　　]

知っ得情報館　「尼将軍政子の悲しみ」

頼朝の妻政子には、頼家・実朝という二人の子がいました。頼朝の死後、二人は将軍となりますが、実家である北条氏の争いにまきこまれて殺されてしまいました。

紅白戦。源平の戦いの時、源氏は白旗、平氏は赤旗を掲げて敵味方を区別した。「赤白ぼうし」は源平合戦の名残り！

13 きほんのドリル 北条時宗

月	日	時	分～	時	分

名前

人物図鑑　北条時宗(1251～1284)

プロフィール

・鎌倉幕府の**執権**(将軍を助ける最高職)。２度の元軍のこうげき(**元寇**)を退けた。

行ったこと

・執権として幕府を支えた…源頼朝の死後は、執権を代々受け継ぐ北条氏が政治を行った。

・元寇を退けた…日本を従えようとする元の要求を退け、九州の守りを固めた。１度目→武士たちは、元軍の**集団戦術**や**火薬兵器(てつはう)**などに苦しみながら戦い抜いた。２度目→博多湾沿岸に**石塁(防塁)**を築かせ、こうげきに備えた。暴風雨のえいきょうもあり元軍は退いた。

北条時宗の活やく

書いてみよう　重要語句を正しく書きましょう。

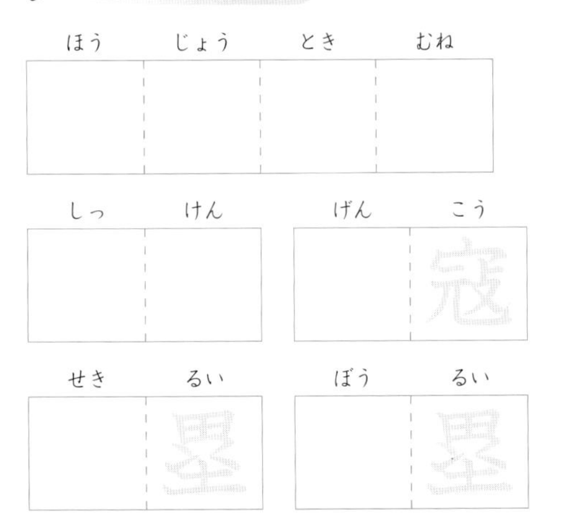

元軍は、中国や朝鮮の兵を動員して日本にせめてきたんだよ。

やってみよう　次の問いに答えましょう。

①北条時宗は、元寇のとき、幕府のどんな職についていましたか。［　　　　］

②日本を従えようとして要求をしてきた国は、どこですか。［　　　　］

③北条時宗は、②の要求をどうしましたか。［　　　　］

④上の②の日本への２度にわたるこうげきを、何といいますか。［　　　　］

この人物が生きた時代

縄文／弥生／古墳／飛鳥／奈良／平安／**鎌倉**／室町／安土桃山／江戸／明治／大正／昭和／平成

北条時宗

月 日	時 分～ 時 分
名前	/50

1 下の絵と文は、元寇についてのものです。これを見て、あとの問いに答えましょう。

50点(各6、(2)各4)

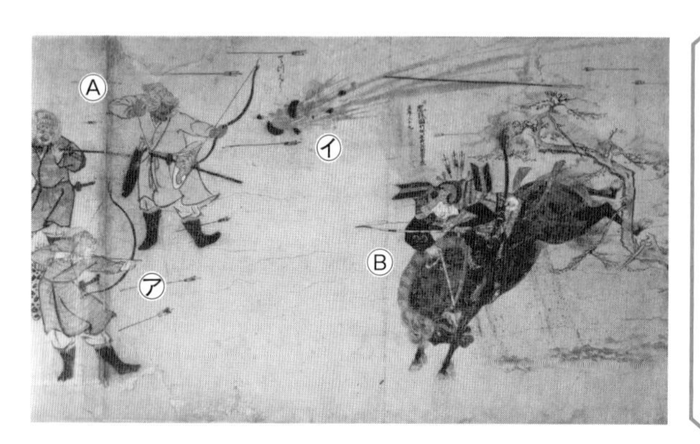

中国や朝鮮を従えた元は、日本も従えようと、何回も使者を送ってきた。
これに対して北条時宗は、この要求をはねつけて、元のこうげきに備えた。
元の大軍は、2度にわたってせめてきた。この戦いで武士たちは、元軍の戦術や武器に苦しみながら戦いぬいて、元軍を退けた。

(1) 日本を従えようとする元の要求をはねつけたとき、北条時宗は、幕府のどんな職についていましたか。 [　　　　　]

(2) 北条時宗は、元のこうげきに対して備えをしました。どんな備えをしたかについて、次の文の[　]にあてはまることばを書きなさい。

●元と戦うため、[ア　　　　　]を九州に集めた。また、博多湾沿岸には、[イ　　　　　]を築いて、2度目のこうげきに備えた。

(3) 2度にわたる元のこうげきを、何といいますか。 [　　　　　]

(4) 上の文の下線部の戦術とは、どんな戦術ですか。 [　　　　　]

(5) 上の絵は、元軍との戦いのようすをえがいたものです。これについて、次の問いに答えなさい。

① 絵の中のⒶ・Ⓑのうち、日本の武士はどちらですか。記号で答えなさい。[　　]

② 元軍のどんな武器に苦しみましたか。上の絵の㋐・㋑のどちらかの記号と、その武器の名前を書きなさい。 記号[　　] 武器[　　　　　]

(6) 元軍は、日本の武士のはげしいていこうのほかに、どんなことで大きな損害を出して引きあげましたか。 [　　　　　]

知っ得情報館 「元は3回目の日本こうげきを考えていた！」

元が日本こうげきに動員する兵士は、中国や朝鮮の兵士でしたが、これらの国々で元に反抗する動きが出てきたため、日本をこうげきする船団ができなくなって、3回目は実現できなかったのです。

1268年、最初にモンゴルからの使者が来たとき、北条時宗は、何才だった？〈12才　18才　25才〉

足利義満

人物図鑑　足利義満(1358〜1408)

プロフィール

・室町幕府の3代将軍、幕府を開いた足利尊氏の孫。室町幕府の全盛期をつくった。

行ったこと

・**南北朝の統一**…**守護大名**をおさえ幕府のしくみを整え、北朝(京都府)と南朝(吉野〔奈良県〕)の2つに分かれていた朝廷の統一を果たした。

・**金閣**を建てた…京都の北山に金閣を建て、**能**・**狂言**など文化や芸術を保護した(**北山文化**)。

・中国(**明**)と貿易を行った…**勘合**という合い札を用いて勘合貿易(**日明貿易**)を行った。

足利義満の活やく

書いてみよう　重要語句を正しく書きましょう。

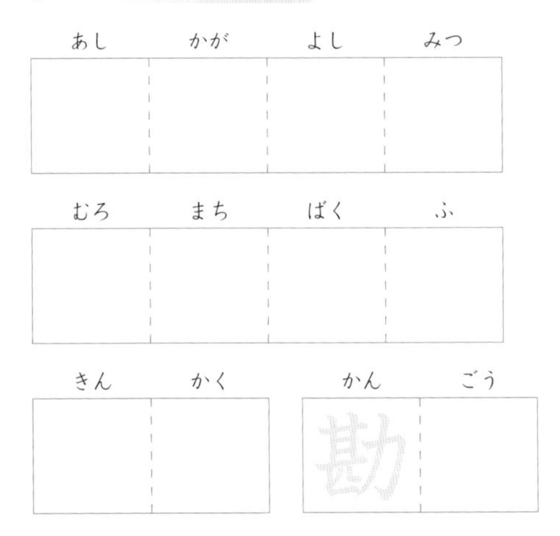

一国を支配するようになった守護を守護大名というよ。

やってみよう　次の問いに答えましょう。

①室町幕府を開いたのは、だれですか。　〔　　　　〕

②義満のころ栄えた文化を、何といいますか。　〔　　　　〕

③義満が中国と国交を開いて行った貿易を、何といいますか。　〔　　　　〕

④上の③の貿易で用いられた合い札を、何といいますか。　〔　　　　〕

この人物が生きた時代

縄文	弥生	古墳	飛鳥	奈良	平安	鎌倉	室町	安土桃山	江戸	明治	大正	昭和	平成

14 確認のドリル 足利義満

月	日	時	分～	時	分

名前　　　　/50

1 下の写真と文は、足利義満に関するものです。これを見て、あとの問いに答えましょう。

50点(各5)

京都の北山に建てた□

- 京都の室町に大きなやしきをつくり、幕府を移した。
- 各地で勢力をふるっていた大名をおさえ幕府に従わせた。
- 対立していた南北朝の統一を実現させた。
- 京都の北山に□をつくり、茶の湯や生け花、能や狂言を楽しんだ。
- 中国との貿易も行った。

(1) 最初に、京都に幕府を開いたのは、だれですか。　[　　　　]

(2) (1)が開いた幕府を、何といいますか。　[　　　　]

(3) 義満が、京都の室町につくったやしきを、何といいますか。　[　　　　]

(4) 次の文は、南朝・北朝のどちらですか。[　]に書きなさい。

ア (1)が京都に立てた天皇の朝廷。　[　　　　]

イ 京都から吉野にのがれた天皇による朝廷。　[　　　　]

(5) 義満は、幕府の体制を固めるため、各地で勢力をふるっていた大名をおさえ、幕府に従わせました。この従えた大名を、何といいますか。　[　　　　]

(6) 上の写真と文の□には、同じことばが入ります。あてはまることばを書きなさい。　[　　　　]

(7) (6)を中心に栄えた文化を、何といいますか。　[　　　　]

(8) 義満の行った中国との貿易について、次の問いに答えなさい。

① このときの中国の国名は、何といいますか。　[　　　　]

② この貿易のことを、何といいますか。　[　　　　]

知っ得情報館　「義満は明の家来として貿易した？」

義満は、「日本国王臣源」(明の家来である日本国王)といって、明の皇帝に貢物を送るという形で貿易を行い、ばく大な利益を得ました。

18才。時宗は執権になったばかりだった。元寇が終わったとき31才。元にかかりっきりの人生で34才で死んだ。

きほんのドリル 15

足利義政

月　日　時　分〜　時　分

名前

人物図鑑　足利義政(1436〜1490)

プロフィール

・**室町幕府**の8代将軍。

行ったこと

・あとつぎ問題の発生…義政のあとつぎ争いに**守護大名**の勢力争いも加わり、**応仁の乱**が起こった。争いは全国に広まり戦乱の世となった(**戦国時代**)。このころ、実力のある者が身分の上の者に打ち勝つ**下剋上**の風潮が広がり、各地に**戦国大名**が登場した。

・**銀閣**を建てた…京都の東山に銀閣を建てた。1階が**書院造**となっていて、たたみ・障子・ふすま・床の間などがあり、現在の和室のつくりにつながる(**東山文化**)。

足利義政の活やく

書いてみよう　重要語句を正しく書きましょう。

弟を次の将軍にすると決めたのに、妻富子に子どもが産まれた! これが応仁の乱の原因の1つなんだ。

やってみよう　次の問いに答えましょう。

①将軍のあとつぎ問題や、守護大名の勢力争いがからんで起こった乱を、何といいますか。　[　　　　]

②義政が東山に建てた2階建ての建物を、何といいますか。　[　　　　]

③上の②の建物の1階部分のつくりを、何といいますか。　[　　　　]

確認のドリル

15 足利義政

月　日　時　分～　時　分

名前

/50

1 下の写真と文は、足利義政に関係するものです。これを見て、あとの問いに答えましょう。

50点(各6、(3)④、(4)各5)

▲ A

▲ B の部屋のつくり

将軍のあとつぎ問題に、幕府内の守護大名の勢力争いがからんで、ア京都じゅうを焼きつくすような戦乱となった。やがて戦乱は、イ全国に広まった。

義政は、戦乱をのがれ、京都の東山に別荘をつくって移り住み、ここに2階建ての A をつくって、文人たちを集めて、趣味の生活を送った。

(1) 上の文の下線部アの戦乱を、何といいますか。 [　　　　]

(2) 上の文の下線部イの時代を、何時代といいますか。 [　　　　]

(3) 義政は、政治があまり好きではなく、戦乱からのがれてくらしました。このことについて、次の問いに答えなさい。

① 移り住む別荘をつくったのは、京都のどこですか。 [　　　　]

② 上の写真と文の A には、同じ建物の名前が入ります。その建物の名前を書きなさい。 [　　　　]

③ 上の写真の B にあてはまることばを書きなさい。 [　　　　]

④ ③の部屋のつくりについて書いた次の文の[　]にあてはまることばを、□から選んで書きなさい。

● 部屋の床には[ア　　　　]をしき、[イ　　　　]を設け、部屋と部屋の間は、板戸ではなく、障子や[ウ　　　　]で仕切った。

ふすま　　たたみ　　床の間

(4) 義政の移り住んだ地を中心に栄えた文化を、何といいますか。[　　　　]

知っ得情報館 「銀閣は銀閣にならなかった？」

義政は文化人で金もうけは苦手、そのうえ、そのころの幕府の財政もピンチでした。義政は銀閣づくりの費用を守護大名に求めましたが、知らん顔をされました。このため銀ぱくを張る費用がなく、張らないままでした。そのため、銀閣にならなかったのです。

足利義政が建てた銀閣、なんで銀閣っていうの？

きほんのドリル 16

雪舟

月　日　時　分〜　時　分

名前

人物図鑑　雪舟(1420〜1506)

プロフィール

・**室町時代**にすみ絵(**水墨画**)を大成した禅宗の僧。

行ったこと

・中国(**明**)での修行…幼いころ出家して寺で修行し、すみ絵を習得した。その後、明へ渡って多くの技法を学び、うでをみがいた。

・すみ絵を大成した…明から帰国後、日本各地を旅して自然をえがき続け、すみのこい、うすいをぬり分けて風景をえがく日本独特のすみ絵を芸術として大成した。室町時代には、**茶の湯**・**生け花**などの文化が発達した。

雪舟の活やく

幼いころから絵をかくのが好きだった雪舟

修行もせず絵ばかりかいて!

和尚は怒り、本堂の柱に雪舟をしばり上げた

グス…

反省したかな…

ん? ねずみ…?

…ん?

足を使って涙でかいたのか!

和尚は才能を認めて絵をかくことを許した

え〜ん…

ビックン!!

書いてみよう　重要語句を正しく書きましょう。

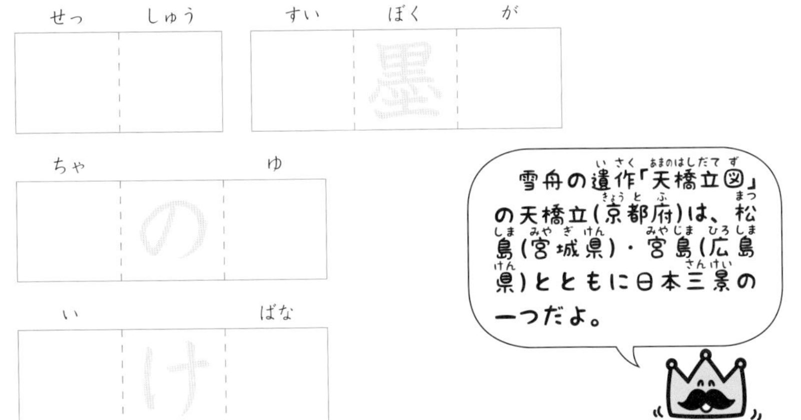

やってみよう　次の問いに答えましょう。

①雪舟は、何時代に活やくしましたか。　[　　　　]

②雪舟が絵の修行に行ったときの中国は、何という国でしたか。　[　　　　]

③中国から帰った雪舟が日本各地を旅して、すみ絵でえがいたものは、何ですか。　[　　　　]

この人物が生きた時代

縄文　弥生　古墳　飛鳥　奈良　平安　鎌倉　室町　安土桃山　江戸　明治　大正　昭和　平成

雪舟

月　日　時　分～　時　分

名前

/50

1 下の写真は、雪舟のえがいたすみ絵(水墨画)で、文は、雪舟の主な経歴です。これを見て、あとの問いに答えましょう。

50点((1)(2)各5、(3)(4)各8)

雪舟は、幼くして出家し、仏教の修行とともに、すみ絵(水墨画)を習得した。
周防(山口県)の守護大名の援助で、40才のころ画室をもうけ、50才のころに中国(明)へ行って修行し、すみ絵で名声を高めた。
帰国後、全国各地を旅し、日本の自然をえがき続け、87才の生涯を終えるまで、多くのすみ絵の大作を残した。

(1) 雪舟は、仏教の修行とともに、何を習いましたか。 [ ]

(2) 中国から帰国した雪舟が、日本各地を旅しながらえがき続けたものは、何ですか。

[ ]

(3) 上の写真は、雪舟晩年の大作で、日本三景のうちの一つをえがいたものです。[ ]の中からその場所を選び、○で囲みなさい。 [松島　宮島　天橋立]

(4) 次の文は、雪舟のすみ絵について書いたものです。[ ]にあてはまるものを、それぞれの□から選んで書きなさい。

① 雪舟は、するどい線のりんかくに、[ア]のこさとうすさをたくみにぬり分け、[イ]をえがいた。

いろ　すみ　建物　風景

② ①のような雪舟独特の[ア]の画風を完成させて、すみ絵を[イ]として大成した。

芸術　商品　日本風　中国風

知っ得情報館　**「雪舟のいた山口は小京都！」**

雪舟が援助を受けた守護大名は大内氏で、中国地方に大きな勢力をもっていました。雪舟のいたころ、京都では応仁の乱が起こったため、この山口に多くの貴族や僧がのがれてきて、山口は小京都といわれるほどに栄えたということです。

銀ぱくを張る予定だったという説もあるが、2階外壁に池の反射光が映って銀色に輝いたのが語源だとする説もある。

フランシスコ＝ザビエル

月　日　時　分～　時　分

名前

人物図鑑　フランシスコ＝ザビエル(1506～1552)

プロフィール

・スペインから来日した**キリスト教**の宣教師。

・キリスト教の布教のためイエズス会をつくり、アジアへの布教をめざした。

行ったこと

・キリスト教を伝えた…日本人青年との出会いをきっかけに、その案内で**鹿児島**に上陸し、西日本を中心に２年ほど布教活動を行った。その後もスペインやポルトガルから宣教師や貿易船がやってきてヨーロッパの文化がもたらされた(**南蛮貿易**)。このころ、ポルトガル人を乗せた船が**種子島**(鹿児島県)に流れ着き、鉄砲が伝えられた。

フランシスコ＝ザビエルの活やく

書いてみよう　重要語句を正しく書きましょう。

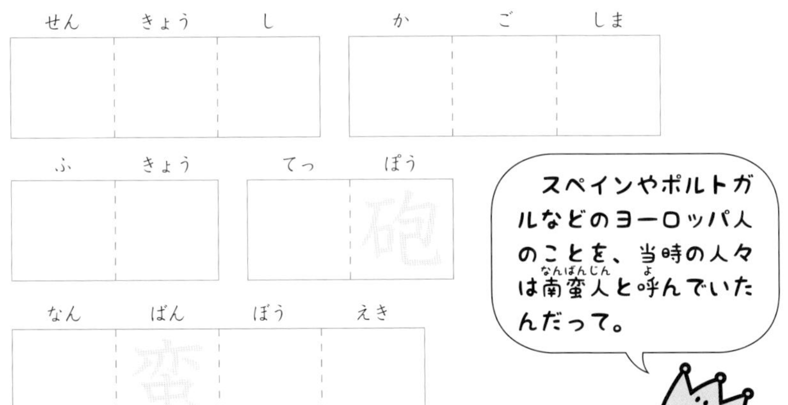

やってみよう　次の問いに答えましょう。

①ザビエルは、何という宗教の宣教師ですか。　［　　　　］

②ザビエルが日本に来る少し前、ポルトガル人を乗せた船が流れ着いたのは、何という島ですか。　［　　　　］

③上の②のときポルトガル人から伝えられた武器は、何ですか。　［　　　　］

この人物が生きた時代

縄文｜弥生｜古墳｜飛鳥｜奈良｜平安｜鎌倉｜室町｜安土桃山｜江戸｜明治｜大正｜昭和｜平成

確認のドリル 17
フランシスコ＝ザビエル

1 下の絵と文は、ザビエルが日本に来たころのようすです。これを見て、あとの問いに答えましょう。

50点（各5）

□船の来航の図

ザビエルは、マラッカ（マレーシア）で会った日本人青年の案内で、左の絵にあるような□船に乗って、鹿児島にやって来た。日本では西日本各地をまわり、その地の領主の許しを得て、キリスト教を布教した。

このころから日本には、□船がたびたびやって来るようになり、貿易が行われ、外国のいろいろな品物や文化が入ってきた。

(1) ザビエルについて書いた次の文の［　］にあてはまるものを、□から選んで書きなさい。

●ザビエルは、［あ　　　　］人で、［い　　　　］教の宣教師だった。

ポルトガル　　スペイン　　キリスト　　イスラム

(2) ザビエルは、日本人青年とどこで会い、日本のどこに来ましたか。

①会った場所［　　　　］　②着いたところ［　　　　］

(3) 今の鹿児島県の島に、ポルトガル人を乗せた船が流れ着き、当時の戦乱の世の戦法を変えるものが伝えられました。島の名と、伝えられたものを書きなさい。

①島の名［　　　　］　②伝えられたもの［　　　　］

(4) 上の絵と文の□には、同じものが入ります。［　］からあてはまるものを選び、○で囲みなさい。

［勘合　　南蛮　　野蛮］

(5) (4)の船で行われた貿易を、何といいますか。　［　　　　］

(6) (5)によって日本からヨーロッパへ持ち出された品物を、次の［　］の中から２つ選び、○で囲みなさい。

［銀　　火薬　　漆器］

知っ得情報館　「ローマに少年使節が行った！」

豊後（大分県）の戦国大名大友義鎮（宗麟）は、ザビエルを招いてキリスト教の布教を許し、自らもキリシタンとなりました。そして、ローマ教皇のもとへ４人の少年使節を送りました。

ザビエルは、言葉の通じない日本で、どのようにしてキリスト教の布教をしたのだろうか？

きほんのドリル 18 織田信長

月　日　時　分～　時　分
名前

人物図鑑　織田信長(1534～1582)

プロフィール

・尾張(愛知県)の戦国大名。天下統一の戦いを進めた。

行ったこと

・室町幕府をほろぼした…幕府と関係が深い駿河(静岡県)の**今川義元**を**桶狭間の戦い**(愛知県)で破ったあと、室町幕府をほろぼし天下統一の戦いへ。
・**長篠の戦い**(愛知県)…武器に鉄砲を用いた鉄砲隊を指揮し、当時最強と言われていた**武田氏**の騎馬隊を破った。
・**楽市・楽座**を行った…**安土城**(滋賀県)を築き、城下町でだれもが自由に商売ができるしくみを整えた。

織田信長の活やく

書いてみよう　重要語句を正しく書きましょう。

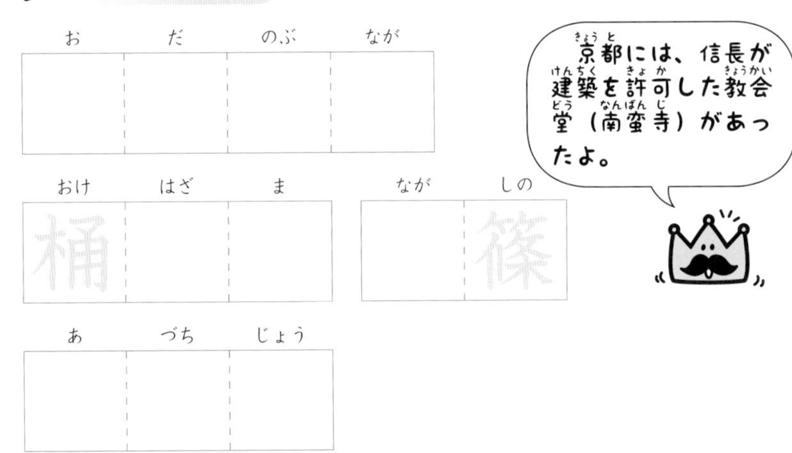

やってみよう　次の問いに答えましょう。

①信長が今川義元を破った戦いを、何といいますか。　[　　　　　]

②信長が鉄砲隊で、武田氏を破った戦いを、何といいますか。　[　　　　　]

③安土城の城下町で、だれもが自由に商売ができるようにした政策を、何といいますか。

[　　　　　]

この人物が生きた時代

縄文	弥生	古墳	飛鳥	奈良	平安	鎌倉	室町	江戸	明治	昭和	平成

安土桃山　大正

確認のドリル 18
織田信長

月　日　時　分～　時　分
名前
/50

1 下の絵と文は、織田信長に関するものです。これを見て、あとの問いに答えましょう。

50点(各5)

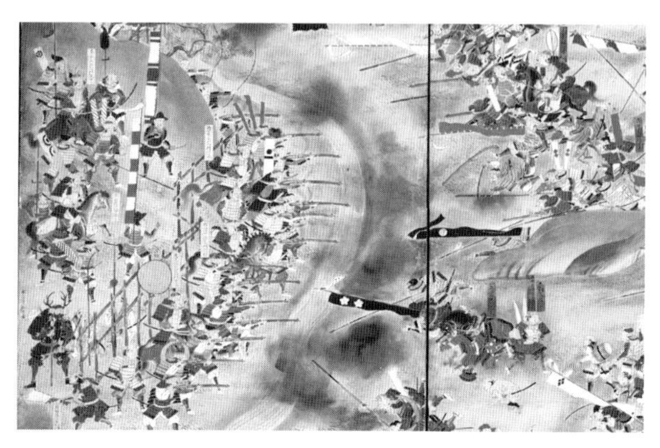

□の戦い

織田信長は、尾張(愛知県)の小大名であったが、桶狭間の戦いで駿河(静岡県)の今川義元を破り、京都に入って<u>幕府</u>(ア)をほろぼした。さらに、□の戦いでは新戦法を使って武田氏を破り、<u>天下統一の拠点としての城</u>(イ)を築き、城下町の発展に努めた。延暦寺など反対する宗教勢力も押さえ、天下統一をめざした。

(1) 織田信長は、駿河の有力な大名を破って勢いを得て、全国に名を知られるようになりました。信長に敗れた駿河の大名は、だれですか。[　　　　]

(2) 下線部アの幕府の名前を書きなさい。[　　　　]

(3) 上の絵について、次の問いに答えなさい。

① 絵と文の□に入ることばを書きなさい。[　　　　]

② 信長の戦法は、何を大量に使った戦い方でしたか。[　　　　]

③ 武田氏は、何を使った戦い方でしたか。[　　　　]

④ 信長の軍は、絵の向かって左・右のどちらですか。[　　　　]

(4) 下線部イの城の名前を書きなさい。[　　　　]

(5) 信長は、城下町の商工業を発展させるために、販売を独占する座をやめさせ、自由に商売ができるようにしました。これを何といいますか。[　　　　]

(6) 信長は、家来におそわれ命をたちました。その家来の名前とおそわれた寺を書きなさい。①家来の名[　　　　]　②おそわれた寺[　　　　]

知っ得情報館　「信長は若いころ『大うつけ(ばか)者』だった？」

信長は小大名の子でした。はかりごとのうまい信長は、自分はばか者なんだと周りの大名たちに思わせてゆだんさせ、18才で織田家をつぐと、またたく間に周りの大名を討って勢力を広げ、尾張の小大名の名を天下にとどろかせたのです。

マラッカ(マレーシア)で「アンジロウ」という日本人と知り合い、当初、彼に通訳をしてもらっていた。

豊臣秀吉

月　日　時　分～　時　分

名前

人物図鑑　豊臣秀吉(1537～1598)

プロフィール

・尾張(愛知県)の足軽出身の戦国武将。

行ったこと

・天下を統一する…**明智光秀**をたおしたあと、朝廷から**関白**に任じられる。根拠地として**石山本願寺**あとに**大阪城**を築き、その7年後に天下を統一した。

・**検地**と**刀狩**を行った…全国の田畑の面積や収穫高、耕作している人を調査し(検地)、百姓から武器を取り上げ(刀狩)、武士と百姓の身分の区別をはっきりさせた。

・**朝鮮侵略**を計画…中国(**明**)を征服しようと朝鮮へ兵を送ったが、その途中で病死した。

豊臣秀吉の活やく

おい、サル！

ハッ！

豊臣秀吉は当初信長の家来として仕えていた

信長に背いた光秀をたおし天下統一を果たす

大阪城

信長様のあとをついで天下統一じゃ！

全国の百姓は刀や鉄砲を出しなさい

あと長さや分量の基準を統一したので、きちんと年貢を納めるように！

ざわざわ

刀狩と**検地**を実施し兵農分離を進める

武士が世の中を支配するしくみを整えたぞ！

武士

百姓

書いてみよう　重要語句を正しく書きましょう。

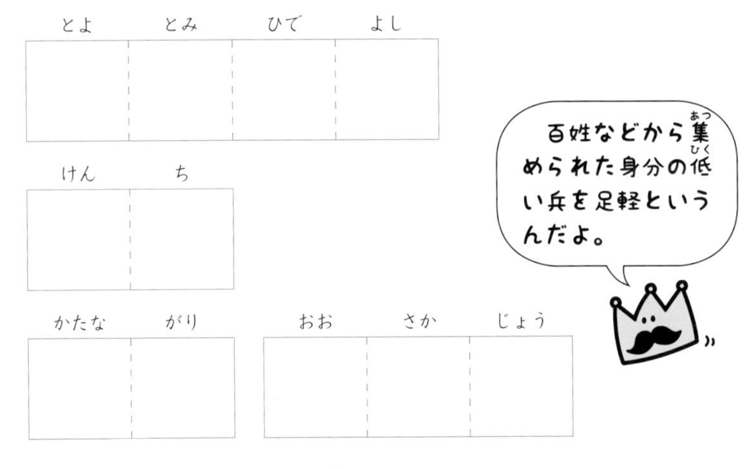

やってみよう　次の問いに答えましょう。

①秀吉は、だれの家来となりましたか。　[　　　　]

②秀吉は、朝廷から何に任じられましたか。　[　　　　]

③秀吉が、全国の田畑のよしあしを調べたことを何といいますか。　[　　　　]

④秀吉が、百姓から武器を取り上げたことを、何といいますか。　[　　　　]

この人物が生きた時代

縄文 / 弥生 / 古墳 / 飛鳥 / 奈良 / 平安 / 鎌倉 / 室町 / 安土桃山 / 江戸 / 明治 / 大正 / 昭和 / 平成

月 日	時 分～ 時 分
名前	/50

19 豊臣秀吉

1 下の絵と史料は、豊臣秀吉に関することです。これを見て、あとの問いに答えましょう。

50点(各5、(4)②⑤各3)

Ⓐ

Ⓑ 一 百姓が、刀、弓、やり、鉄砲などの武器を持つことを、かたく禁止する。武器をたくわえ、年貢を納めず、一揆をくわだてる者は、きびしく処罰する。
一 取り上げた刀は、新しくつくる大仏のくぎなどにする。百姓は仏のめぐみを受け、死んだのちも、救われる。

(1) 秀吉が仕えた、尾張の戦国大名は、だれですか。 [ ]

(2) 秀吉が(1)の死後、すぐにたおしたのは、だれですか。 [ ]

(3) 秀吉が天下統一の本拠地として築いた城について、次の問いに答えなさい。

① この城を、何といいますか。 [ ]

② この城は、何という寺のあとに築きましたか。 [ ]

(4) 秀吉が行った政策について、次の問いに答えなさい。

① 上のⒶの絵は、何をしているところですか。 [ ]

② Ⓐは、何を調べているのですか。
[ ]から3つ選び、記号で答えなさい。
[ ][ ][ ]

㋐田畑の面積　㋑土地のよしあし
㋒田畑の住所　㋓耕作者の名前

③ 上のⒷの史料を、何といいますか。 [ ]

④ Ⓑでは、何を持つことを禁止しているのですか。 [ ]

⑤ 次の文の[ ]にあてはまることばを、[ ]から選んで書きなさい。

● ⒶとⒷにより、[あ]と[い]・町人(商人や職人)の身分を区別し、兵農分離することで、[あ]の支配する社会のしくみを整えた。

僧侶　百姓　貴族　武士

知っ得情報館 「秀吉はものさしやますを統一した！」
秀吉は、国ごとに異なっていた長さや分量の基準を統一し、全国の検地を行いました。百姓は検地帳に記入され、これによって決まった年貢を納める責任を負わされることになったのです。

徳川家康が、江戸の町を江戸城を中心とした「の」の字の右うず巻状にしたのは、なぜ？

きほんのドリル 20
徳川家康（とくがわいえやす）

月　日　時　分〜　時　分

名前

人物図鑑　徳川家康(1542〜1616)

プロフィール

・三河(愛知県)の戦国大名。**江戸幕府**の初代将軍。豊臣秀吉の天下統一に協力。秀吉の命令で関東へ移った。

行ったこと

・江戸幕府を開いた…秀吉の死後、**関ヶ原の戦い**(岐阜県)に勝利して全国支配の実権をにぎった。朝廷から**征夷大将軍**に任命され、江戸(東京都)に幕府を開いた。

・**武家諸法度**の制定…2代将軍秀忠と大名を統制する法律を定め、幕藩体制の基礎を整えた。大名は**親藩**(親せき)・**譜代大名**(関ヶ原の戦い以前からの家来)・**外様大名**(関ヶ原の戦い以後の家来)に区分し、配置を工夫した。

徳川家康の活やく

書いてみよう　重要語句を正しく書きましょう。

とく　がわ　いえ　やす

えど　ばく　ふ

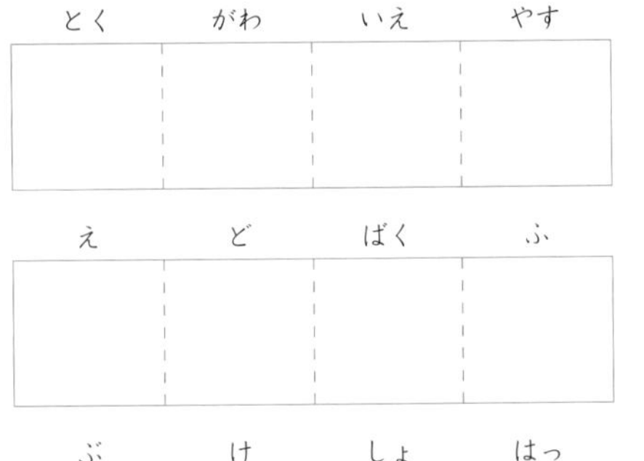

ぶ　け　しょ　はっ　と

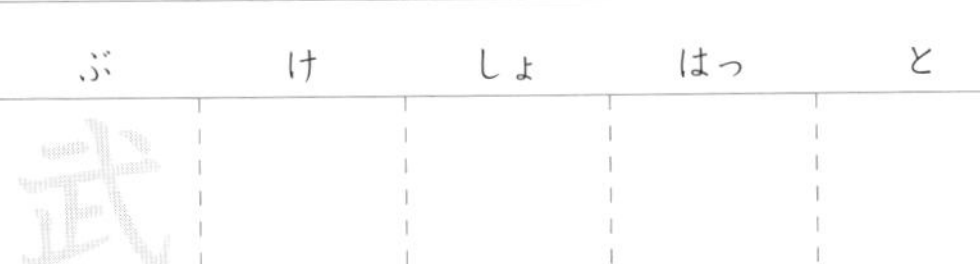

家康は幼名を竹千代といい、6才から19才まで今川氏の人質だったんだ。

やってみよう　次の問いに答えましょう。

①家康が全国支配の実権をにぎった戦いは、何という戦いですか。[　　　　]

②家康が開いた幕府を、何といいますか。[　　　　]

③家康が3つに区分した大名の種類を書きなさい。

[　　　　][　　　　][　　　　]

この人物が生きた時代

縄文 / 弥生 / 古墳 / 飛鳥 / 奈良 / 平安 / 鎌倉 / 室町 / 安土桃山 / **江戸** / 明治 / 大正 / 昭和 / 平成

徳川家康

月 日 時 分～ 時 分

名前

/50

1 下の地図は、主な大名の配置図です。文は、徳川家康の略歴です。これを見て、あとの問いに答えましょう。

50点(各5)

主な大名の配置

- 家康は幼少時、今川氏の人質。桶狭間の戦いで今川氏が敗れたため出身地の三河にもどり、織田信長に従い勢力を広げた。
- 信長の死後、秀吉に協力。秀吉の死後は、関ヶ原の戦いに勝って全国支配の実権をにぎり、江戸幕府を開いた。

(1) 家康が人質となっていた今川氏が敗れた戦いを何といい、勝利した人はだれですか。 ①戦いの名[ ] ②勝利した人[ ]

(2) 家康が織田軍の先陣として武田騎馬隊を破った戦いを、何といいますか。

[ ]

(3) 家康が秀吉の命で関東に移されたとき、居城はどこですか。[ ]

(4) 秀吉の死後、家康が豊臣方と戦った戦いを何といいますか。[ ]

(5) 次の文の[ ]にあてはまることばを書きなさい。

● 家康は、1603年、朝廷から[ア]に任じられ、江戸(東京都)に[イ]を開いた。

(6) 上の地図を見て、次の問いに答えなさい。

① 徳川家の親せきの大名を、何といいますか。 [ ]

② 関ヶ原の戦い以前から従っていた大名と、以後に従った大名は、それぞれ何といいますか。 以前[ ] 以後[ ]

知っ得情報館 「駿府城が見た家康の歴史」

最初に見たのは、この城の城主今川氏の人質となった竹千代少年でした。次に見たのは、壮年期の家康でした。ここを根拠地に5か国を支配した「海道一の弓取り」大名です。そして、最後に見たのは、すべてをやりとげた晩年の天下人の家康でした。

敵にせめられにくいように。城をせめるには大回りしなければならず、直線部分が少ないため鉄砲も使いにくい。

徳川家光

月　日　時　分～　時　分

名前

人物図鑑　徳川家光(1604～1651)

プロフィール

・江戸幕府の３代将軍。徳川家康の孫。

行ったこと

・**参勤交代**の制度を定めた…大名に江戸と領地を１年ごとに行き来させる制度を**武家諸法度**に加えた。

・キリスト教信者の取りしまり…天草四郎をかしらとしたキリスト教信者の多い地域で起きた一揆(**島原・天草一揆**)をおさえた。また、キリストやマリアの像を踏ませて信者を見つける**絵踏み**などで取りしまりを強化した。

・貿易を統制した…長崎でキリスト教を広めるおそれのない**オランダ**・中国(**清**)の２国に限り貿易を行った(**鎖国**)。

書いてみよう　重要語句を正しく書きましょう。

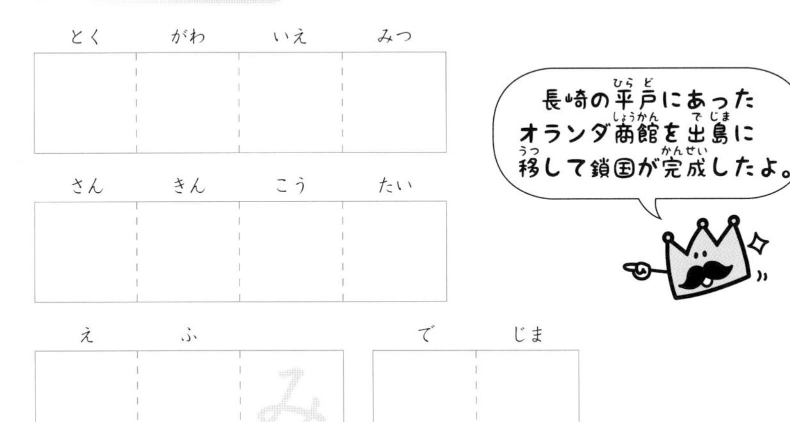

やってみよう　次の問いに答えましょう。

①キリスト教信者の百姓を中心に、九州で起こった一揆を、何といいますか。

[　　　　　　　　]

②キリストやマリアの像を踏ませることを、何といいますか。[　　　　　　　　]

③外国との行き来を制限した幕府の外交政策を、何といいますか。[　　　　　　　　]

この人物が生きた時代

縄文	弥生	古墳	飛鳥	奈良	平安	鎌倉	室町	安土桃山	江戸	明治	大正	昭和	平成

確認のドリル 21
徳川家光

月　日　時　分～　時　分
名前
/50

1 下の史料は、家光に関係するものです。これを見て、あとの問いに答えましょう。

50点（各5、(1)(7)各4）

武家諸法度（※印は、家光が加えたもの）
一　学問・武芸の道に、ひたすらはげむこと。
一　自分の城の修理であっても、必ず申し出ること。新しい築城は禁止する。
一　大名は、領地と江戸に１年おきに住み、毎年４月には参勤すること。※Ⓐ
一　大きな船を建造してはいけない。※

ア

イ

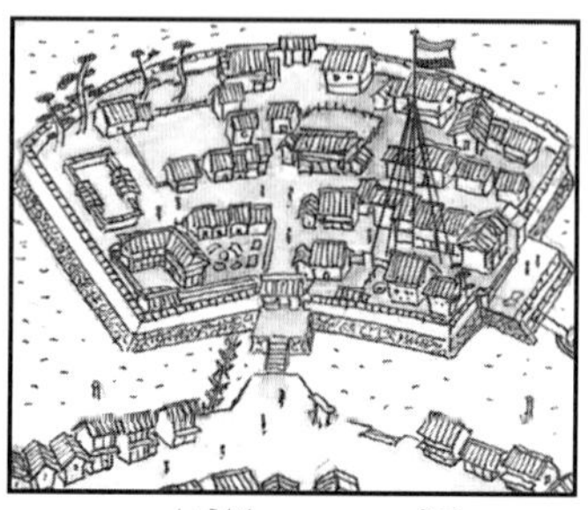

（オランダ商館をここに移した。）

(1)　上の武家諸法度について、次の問いに答えなさい。
①　この法は、どのような身分の取りしまりを目的としたものですか。 [　　　]
②　大名は1年おきに領地とどこに住むことになりましたか。 [　　　]
③　Ⓐの制度を、何といいますか。 [　　　]

(2)　九州でキリスト教信者の百姓たちを中心に、重い年貢に反対する一揆が起こりました。この一揆を、何といいますか。 [　　　]

(3)　(2)の一揆のかしらとなった少年の名を書きなさい。 [　　　]

(4)　(2)のあと、家光が取りしまりをきびしくした宗教は何ですか。 [　　　]

(5)　上のアの絵は、何を行っているようすですか。また、この絵で踏まれるものは、何ですか。　ア[　　　]　踏まれるもの[　　　]

(6)　上のイの絵の人工の島を、何といいますか。 [　　　]

(7)　家光は、オランダ商館をイに移して鎖国を完成させましたが、鎖国中も幕府が貿易を認めた国を２国書きなさい。 [　　　][　　　]

知っ得情報館　「家光は体が弱かった！」
父秀忠は、家光の弟をあとつぎにと考えていました。心配した家光の乳母の春日局は、健康は食事からと考え、毎日健康食をつくって食べさせました。そのうえで家康に、あとつぎは家光にとたのんだといわれます。

徳川家光が制度化した参勤交代から生まれたことばは、次のうちどれ？　〈冷奴　刺身　煮つけ〉

近松門左衛門

月	日	時	分〜	時	分

名前

人物図鑑　近松門左衛門(1653〜1724)

プロフィール

・17世紀後半、**元禄文化**を代表する脚本家。元禄文化とは、17世紀後半から18世紀の初めに、上方(京都・大阪)を中心に栄えた町人文化。

行ったこと

・脚本を書いた…町人たちのいきいきとした姿や、義理・人情を**歌舞伎**(音楽・おどり・芝居が一体となった演劇)や**人形浄瑠璃**(三味線の伴奏と語りに合わせて人形を動かす演劇)の脚本にした。人々は、**芝居小屋**で近松門左衛門が脚本を書いた歌舞伎や人形浄瑠璃を楽しんだ。

近松門左衛門の活やく

書いてみよう　重要語句を正しく書きましょう。

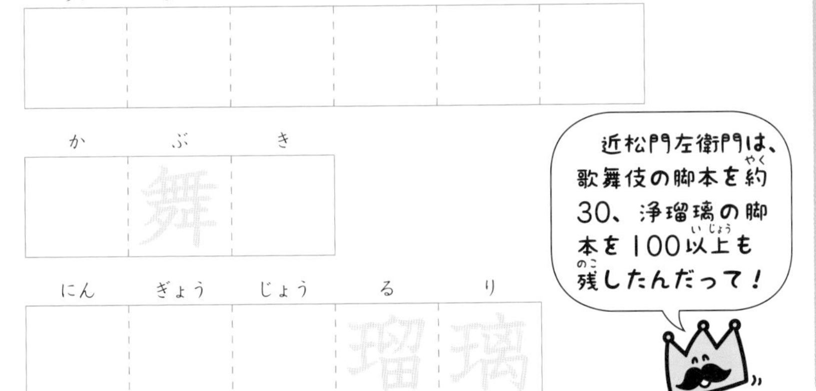

やってみよう　次の問いに答えましょう。

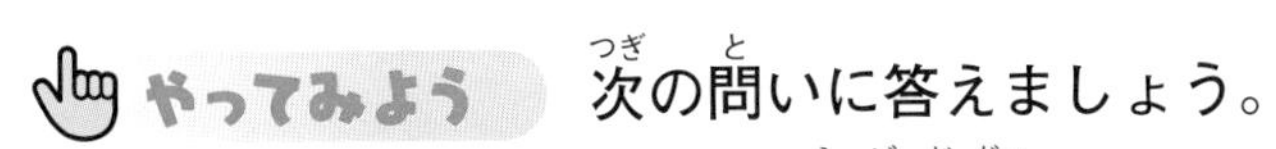

①近松門左衛門が活やくした江戸時代の中ごろに栄えた文化を、何といいますか。

[　　　　　　　　]

②近松門左衛門が脚本を書いた演劇は何ですか。2つ書きなさい。

[　　　　　　　　][　　　　　　　　]

この人物が生きた時代

縄文	弥生	古墳	飛鳥	奈良	平安	鎌倉	室町	安土桃山	江戸	明治	大正	昭和	平成

月　日　時　分～　時　分
名前
/50

22 確認のドリル
近松門左衛門

1 下の文と絵は、近松門左衛門に関するものです。これを見て、あとの問いに答えましょう。

50点(各6、(3)2)

江戸時代の中ごろは、政治も安定し、将軍のおひざもとの ア 、天下の台所といわれた イ 、朝廷のある ウ などの大都市が発展し、上方(イ ・ ウ)を中心に元禄文化と呼ばれる町人文化が栄えて全国に広まっていった。人々は、 エ で、近松門左衛門が脚本を書いた、歌舞伎や人形浄瑠璃を楽しんだ。

歌舞伎が演じられている エ のようす

(1) 上の文の ア ～ ウ には、都市の名前が入ります。あてはまる都市名を書きなさい。

ア[　　　　]　イ[　　　　]　ウ[　　　　]

(2) 近松門左衛門が脚本を書いていたころに栄えた文化を、何といいますか。

[　　　　]

(3) (2)の文化は、どういう身分の人を中心としたものですか。あてはまるものを、□から選んで、書きなさい。[　　　　]

貴族　町人　武士

(4) 上の文と絵の エ にあてはまることばを書きなさい。[　　　　]

(5) 近松門左衛門の脚本について、次の問いに答えなさい。

① 音楽・おどり・芝居が一体となった演劇を、何といいますか。

[　　　　]

② 三味線に合わせて物語を語り、人形が演じる演劇を、何といいますか。

[　　　　]

③ 町人の姿をどのようにえがきましたか。[　　　　]

知っ得情報館　「近松の名は、寺の名から」

門左衛門は若いころ寺に世話になっていました。ある日、その寺の門前で、人を喜ばす作家になろうと決心をしました。そのとき、この決心を忘れないようにしようと、寺の名をもらうことにしたといわれています。その寺の名こそ「近松寺」だったのです。

冷奴。大名行列の先頭を歩く「奴」の姿が、四角く切って冷やした豆腐に似ているので、「冷奴」と呼ぶようになった。

きほんのドリル 23 歌川広重

月　日　時　分～　時　分

名前

人物図鑑　歌川広重(1797～1858)

プロフィール

・19世紀初期、**化政文化**を代表する浮世絵師。化政文化とは、19世紀初めに江戸(東京都)を中心に栄えた町人文化。

行ったこと

・**浮世絵**をえがいた…風景画を得意とし、江戸から京都まで、東海道の宿場のようすをえがいた「**東海道五十三次**」など、多くの浮世絵(庶民の生活や風景などを題材にえがいた絵)をえがいた。これは、多色刷りの版画(**錦絵**)として発売され、町人から人気を得た。

歌川広重の活やく

江戸を中心に栄えたのが**化政文化**

元禄文化とはちがい庶民が担い手になった

歌川広重は化政文化を代表する浮世絵師

東海道五十三次などの風景画が得意だぞ!

浮世絵は一枚の絵で何度も刷ることができ大量に生産できた

そのため安く売ることができ庶民の間で流行した

書いてみよう　重要語句を正しく書きましょう。

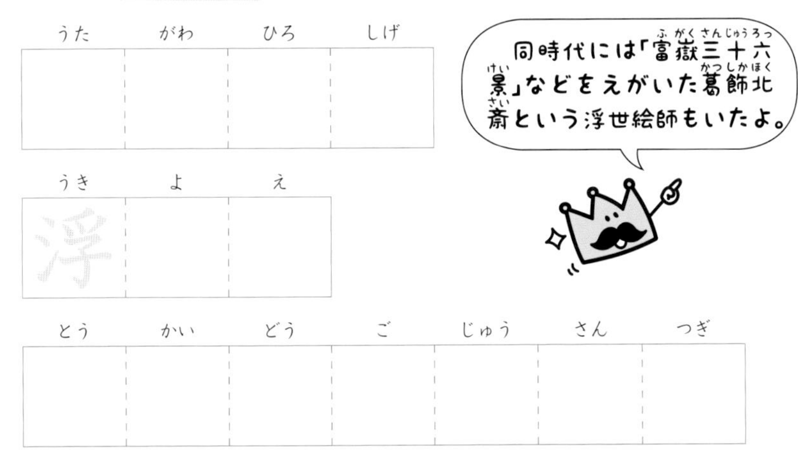

やってみよう　次の問いに答えましょう。

①歌川広重が活やくした19世紀初めに栄えたのは、何という文化ですか。　[　　　　]

②広重は、どういう浮世絵を得意としていましたか。　[　　　　]

③浮世絵を多色刷りの版画にしたものを、何といいますか。　[　　　　]

この人物が生きた時代

縄文	弥生	古墳	飛鳥	奈良	平安	鎌倉	室町	安土桃山	江戸	明治	大正	昭和	平成

歌川広重

月　日　時　分～　時　分

名前

/50

1 下の写真と文は、歌川広重に関するものです。これを見て、あとの問いに答えましょう。

50点(各6、(1)(5)各10)

「東海道五十三次」大井川の渡し

浮世絵は、役者、町の人々のようす、風景などを木版画で印刷したもので、大胆な構図と美しい色が特徴である。江戸時代の後期になると、木版画の印刷技術が向上し、多色刷りの錦絵がたくさん町に出まわるようになった。歌川広重の「東海道五十三次」は、宿場や街道の風景をえがき、浮世絵風景画の最高けっ作といわれている。

(1) 役者や町の人々のようす、風景などを、木版画で印刷した絵を、何といいますか。

[　　　　　　　]

(2) (1)の絵の2つの特徴を書いた次の文の[　]にあてはまることばを書きなさい。

● 特徴の一つはえがかれた絵の大胆な[ア　　　　　　]であり、もう一つは、美しい[イ　　　　　　]で仕上がっていることである。

(3) 印刷技術の向上で、多色刷りの版画ができました。この版画を、何といいますか。

[　　　　　　　]

(4) 広重が活やくした19世紀初めに栄えた化政文化について、次の文の[　]の中にあてはまることばを、　　から選んで書きなさい。

● 化政文化は、[ア　　　　　　]を中心に栄えた[イ　　　　　　]文化である。

武士　町人　大阪　江戸

(5) 「富嶽三十六景」をえがいた浮世絵師はだれですか。　[　　　　　　　]

知っ得情報館　「ゴッホもまねた浮世絵」

広重の絵は、ヨーロッパの画家にも大きなえいきょうをあたえました。19世紀のオランダの画家ゴッホは、広重の絵の大胆な構図や美しい色使いを見て感動し、明るい色彩の絵をえがくようになりました。広重の絵をそっくりまねた絵もえがいています。

歌川広重がえがいた「東海道五十三次」の絵は、全部で何枚？

きほんのドリル 24

本居宣長

月　日　時　分～　時　分

名前

人物図鑑　本居宣長(1730～1801)

プロフィール

・江戸時代の国学者。伊勢(三重県)松阪の医者。

・京都で医学や儒学（中国の孔子が説いた教え）、**国学**(中国の教えや仏教が伝わる前の日本人の考え方を明らかにする学問）などを学んだのち、故郷で医者になったが、国学の研究も続けた。

行ったこと

・国学の大成…「**万葉集**」「源氏物語」などを研究し、さらに日本最古の歴史書である「**古事記**」を研究した。研究したことを「**古事記伝**」にまとめ、国学を大成した。

本居宣長の活やく

書いてみよう　重要語句を正しく書きましょう。

もと　おり　のり　なが　（宣）

こく　がく

まん　よう　しゅう

こ　じ　き

宣長は、日本人が昔からもっている考え方を「やまとごころ」と呼んだそうだ。

やってみよう　次の問いに答えましょう。

①本居宣長は、何時代の人ですか。　［　　　］

②本居宣長が大成した学問は、何ですか。　［　　　］

③本居宣長が、日本最古の歴史書である「古事記」を研究してまとめた書物を、何といいますか。　［　　　］

この人物が生きた時代

縄文	弥生	古墳	飛鳥	奈良	平安	鎌倉	室町	安土桃山	江戸	明治	大正	昭和	平成

確認のドリル

24 本居宣長

月　日　時　分～　時　分

名前

/50

1 下の文は、本居宣長の活やくのようすと研究した書物に関するものです。これを読んで、あとの問いに答えましょう。

50点(各8、(1)10)

本居宣長は、国学の大家として有名な賀茂真淵と松阪(三重県)で会い、国学の研究をさらに続けることにした。宣長は、正しく日本文化に根ざした、借り物ではない学問を築くことを一生の課題としていた。宣長は「古事記」の研究が国学の基本と考え、研究を続け、35年かけて全44巻の書物にまとめた。

また、「万葉集」や「　　」の研究も行った。

- 「古事記」…日本最古の歴史書。「いなばの白うさぎ」や「やまたのおろち」などの話が書かれている。
- 「万葉集」…現存する日本最古の和歌集。20巻。8世紀後半に成立。天皇から農民までのさまざまな人の歌を収める。
- 「源氏物語」…平安時代中ごろの小説。54帖。小説の主人公は光源氏。

(1) 日本人の古くからの考え方を知ろうとする学問を、何といいますか。

[　　　　]

(2) 本居宣長が、さらに続けて(1)を研究するようになったのは、だれと出会ったことがきっかけでしたか。

[　　　　]

(3) 本居宣長は、何の研究が(1)の基本だと考えましたか。

[　　　　]

(4) 本居宣長は、(3)を研究して、何という書物にまとめましたか。

[　　　　]

(5) 本居宣長は、現存する日本最古の和歌集の研究も行いました。何という和歌集ですか。

[　　　　]

(6) 上の　　にあてはまる、平安時代中ごろの小説の名前を書きなさい。

[　　　　]

知っ得情報館　**「国学の先生を断った宣長」**

宣長は医学を学ぶため京都に出ました。この京都で国学と出会い、研究に取り組みました。その後郷里の松阪(三重県)に帰り医者となりますが、国学の研究は続け、門人を集めて講義も行うようになり、国学者として有名になりました。このころ宣長は、加賀藩(石川県)から、国学の先生として来てほしいとたのまれましたが、「松阪をはなれては勉強ができないから」と、あっさりと断ってしまったそうです。

55枚。東海道五十三次の宿場53枚と、出発地の日本橋(江戸)、終点の三条大橋(京都)の計55枚なのだ！

杉田玄白

月　日　時　分～　時　分

名前

人物図鑑　杉田玄白(1733～1817)

プロフィール

・江戸時代の蘭学者。小浜藩(福井県)の医者。

・オランダ語で西洋の文化を学ぶ**蘭学**の基礎を築いた。

行ったこと

・オランダ語の医学書のほん訳…医者の前野良沢らと人体の解剖を見学したとき、オランダ語の医学書「ターヘル・アナトミア」の正確さにおどろいた。４年近くの時間をかけてほん訳し、「**解体新書**」と名づけて出版した。

・「**蘭学事始**」を書く…ほん訳の苦心と人体の解剖を初めてみたときの感動を著した。

杉田玄白の活やく

書いてみよう　重要語句を正しく書きましょう。

すぎ　た　げん　ぱく　［　　　玄　　］

らん　がく　［蘭　　］

かい　たい　しん　しょ　［　　　　］

らん　がく　こと　はじめ　［蘭　　　　］

「神経」「十二指腸」「軟骨」などは、玄白たちが考え出したことばだよ。

やってみよう　次の問いに答えましょう。

①「ターヘル・アナトミア」は、何語で書かれた医学書ですか。［　　　　］

②杉田玄白とともに、「ターヘル・アナトミア」のほん訳に取り組んだのは、だれですか。［　　　　］

③杉田玄白が、ほん訳の苦心を著した本を、何といいますか。［　　　　］

この人物が生きた時代

縄文／弥生／古墳／飛鳥／奈良／平安／鎌倉／室町／安土桃山／**江戸**／明治／大正／昭和／平成

確認のドリル 25 杉田玄白

月　日	時　分～　時　分
名前	/50

1 下の文と絵は、杉田玄白に関するものです。これを見て、あとの問いに答えましょう。

50点(各7、(2)(3)各6)

江戸時代の中ごろから、洋書の輸入ができるようになって、西洋の学問(蘭学)を学ぶ人々が増えてきた。杉田玄白は、オランダ語の医学書「ターヘル・アナトミア」をほん訳し、医学の発展に役立てようとした。オランダ語の辞書もなく、苦労して、前野良沢らとともにほん訳し、「(ア)」として出版した。杉田玄白は、ほん訳の苦労や蘭学の発達のようすを、「(イ)」に書いた。

Ⓐ

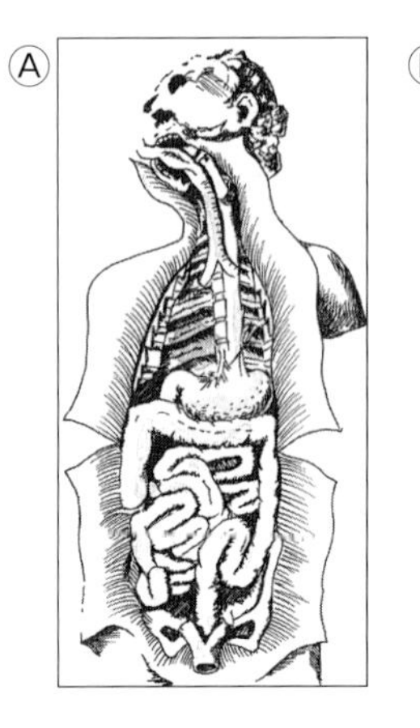

Ⓑ

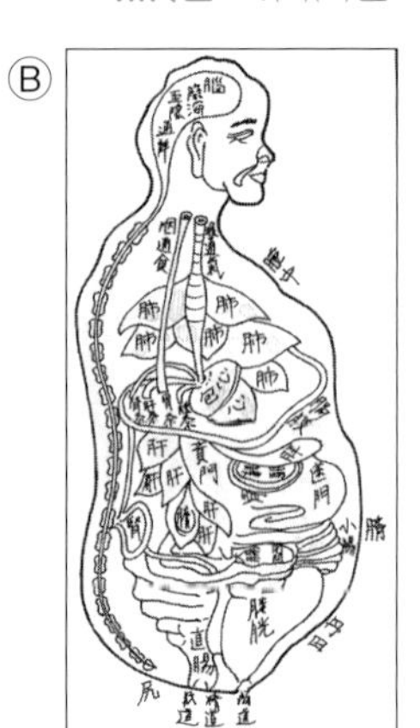

(1) 江戸時代中ごろ、西洋の学問を、何といいましたか。 [　　　　]

(2) 下の文の[　]の中にあてはまることばを、[　　]から選んで書きなさい。

● 西洋の学問を学ぶ人が増えたのは、[あ　　　　]の輸入ができるようになったからだが、[い　　　　]の[う　　　　]がなかったため、[い]の医学書である「[え　　　　]」のほん訳に苦労した。

オランダ語　　洋書　　辞書　　ターヘル・アナトミア

(3) 上の文のア・イにあてはまる本の名前を書きなさい。

ア [　　　　]　イ [　　　　]

(4) 上の2枚の絵は、「オランダ語の医学書」と「中国の医学書」の解剖図です。どちらが、「オランダ語の医学書」の解剖図ですか。記号で答えなさい。 [　　]

知っ得情報館　「ほん訳の苦労」

玄白らは、ほん訳を始めましたが、オランダ語の辞書もなく、鼻の説明として書いてある「フルヘッヘンド」の意味がわかりません。別の本に、木の枝を切れば、フルヘッヘンドになる、庭そうじをして、土やごみが集まれば、フルヘッヘンドになるとあり、「高くもりあがっている」という意味で、鼻は顔の中で高くなっているところとわかり、みんなで大喜びをしました。

「解体新書」出版の少し前、ある文字を記載して処罰された人がいる。それは何？〈アルファベット　アラビア数字〉

きほんのドリル 26 伊能忠敬

月　日　時　分～　時　分

名前

人物図鑑　伊能忠敬(1745～1818)

プロフィール

・江戸時代後期の測量家・地理学者。佐原(千葉県)の商人。

行ったこと

・**日本地図**の作成…50才のときに江戸に出て**天文学・測量術**を学んだのち、幕府の許可を得て、北海道などの測量を自費で行った。

・**日本全図**の完成…幕府の測量隊として日本全国を歩いて測量し、正確な日本地図をつくった。地図の編集作業に入ったが、完成を目前にしてなくなった。その3年後、友人や弟子たちによって日本全図が完成した。

伊能忠敬の活やく

書いてみよう　重要語句を正しく書きましょう。

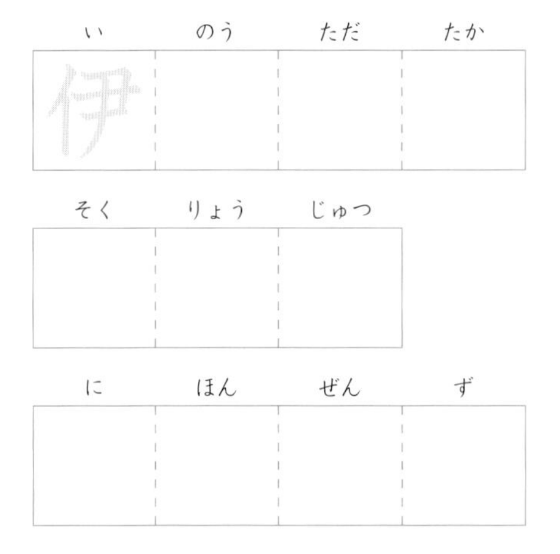

やってみよう　次の問いに答えましょう。

①伊能忠敬は江戸へ出て、どんな学問や技術を学びましたか。

[　　　　　　　　　　　　]

②伊能忠敬が① を学ぶために江戸に出たのは何才のときですか。[　　　　　　]

③伊能忠敬の死後、弟子たちが完成させたものは何ですか。[　　　　　　]

この人物が生きた時代

縄文	弥生	古墳	飛鳥	奈良	平安	鎌倉	室町	安土桃山	江戸	明治	大正	昭和	平成

確認のドリル 26 伊能忠敬

月　日　時　分～　時　分

名前

/50

1 下の地図と説明文は、伊能忠敬に関するものです。これを見て、あとの問いに答えましょう。

50点(各8、(2)10)

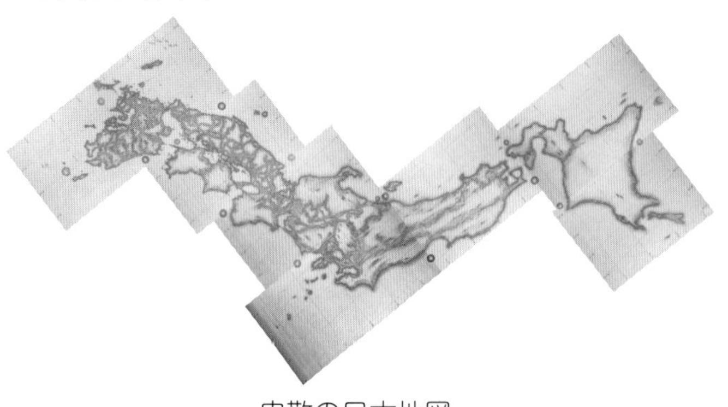

忠敬の日本地図

伊能忠敬は、江戸へ出て天文学や測量術を学び、56才の年に、幕府の許可を得て、自費で北海道南岸を測量した。このころ、日本の周りの海には、外国の軍艦がしきりに現れていた。このため幕府は、日本の正確な地図を必要としていたので忠敬に全国の測量を命じた。

(1) 忠敬は幕府の許可を得て、自費で測量を始めました。最初に測量して作成したのは、どこの地図ですか。　[　　　　　]

(2) そのころ日本の周りの海には、どのようなことが起こっていましたか。

[　　　　　　　　　　]

(3) (2)のため、幕府が必要だと考えていたのは、何ですか。

[　　　　　　　　　　]

(4) 忠敬のつくった(1)の地図を見た幕府は、忠敬に何を命じましたか。

[　　　　　　　　　　]

(5) 上の地図には、海岸線をはじめたくさんの線がえがかれています。この線は何を表していますか。次の文の①・②にあてはまることばを[　]の中からそれぞれ選び、○で囲みなさい。

● この線は、忠敬が①[　測量　　観測　]しながら②[　考えた　　歩いた　]ところを表している。

知っ得情報館　「世界的レベルの忠敬の日本地図」

今から約200年前につくられたこの地図は、今の地図と比べても大きなちがいはないほど正確なものです。当時の地理学者も学術誌でその正確さを認めています。

アルファベット。玄白は、オランダ語をほん訳した書物を出すというパンフレットを出して、幕府の様子をうかがった。

きほんのドリル 27

ペリー

月　日　時　分～　時　分

名前

人物図鑑　ペリー（1794～1858）

プロフィール

・アメリカ合衆国使節。東インド艦隊司令長官。

行ったこと

・日本に開国を求めた…1853年、4せきの軍艦（**黒船**）を率いて**浦賀**（神奈川県）に来航し、幕府に開国を求める大統領の手紙をわたした。

・**日米和親条約**を結んだ…1854年、アメリカ船への食料や燃料などの供給や、**下田**（静岡県）と**函館**（北海道）の開港を定めた条約を結び、日本の鎖国は終わった。さらに1858年には、アメリカと幕府が**日米修好通商条約**を結んだ。

ペリーの活やく

日本の開国を求めペリーが浦賀に来航

ザッバーン

日米和親条約を結ぶ

ギュムッ

レッツ開国！

ハ、ハイ…

老中・阿部正弘

函館や下田も開港したことにより鎖国が終わる

函館

下田

その後、日米修好通商条約も結び、外国と貿易を始めると日本は不況となる

一揆を起こすぞ！

ウォー！

書いてみよう　重要語句を正しく書きましょう。

くろ　ふね　［　　］［　　］

うら　が　［　　］［　　］

しも　だ　［　　］［　　］

はこ　だて　［函］［　　］

にち　べい　わ　しん　じょう　やく　［　　］［　　］［　　］［　　］［　　］［　　］

日米修好通商条約は、領事裁判権（治外法権）を認め、関税自主権がない不平等条約だったんだ。

やってみよう　次の問いに答えましょう。

①ペリーは、どこの国の人ですか。　［　　　　］

②ペリーは、神奈川県のどこにやって来ましたか。　［　　　　］

③1854年に結ばれた条約を、何といいますか。　［　　　　］

④1858年に結ばれた条約を、何といいますか。　［　　　　］

この人物が生きた時代

縄文　弥生　古墳　飛鳥　奈良　平安　鎌倉　室町　安土桃山　江戸　明治　大正　昭和　平成

ペリー

月　日　時　分～　時　分
名前　　/50

1 下の絵と地図を見て、あとの問いに答えましょう。　50点(各6、(2)(3)各4)

黒船

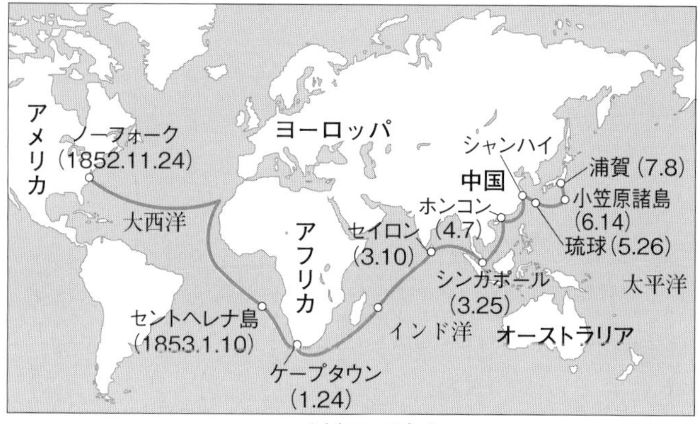

ペリー艦隊の航路

(1) 下の文の[　]にあてはまる数字やことばを、□から選んで書きなさい。

●ペリーは[ア　　　　]のノーフォークを[イ　　　　]年11月24日に出、[ウ　　　　]、インド洋を通り、1853年5月に[エ　　　　]に着いた。その後、小笠原諸島に寄り、7月8日に[オ　　　　]に着いた。ノーフォークを出てから、およそ[カ　　　　]か月かかっていた。

大西洋　浦賀　7　アメリカ　琉球　1852

(2) ペリーの乗ってきた軍艦は、当時、何と呼ばれましたか。[　　　　]

(3) ペリーは、日本に何を求めてきたのですか。[　]の中から選んで、○で囲みなさい。
[倒幕　開国　キリスト教の布教]

(4) ペリーが幕府との間で結んだ条約を、何といいますか。

[　　　　]

知っ得情報館　「町の美しさにびっくり！」

ペリーは浦賀に来る前に琉球(沖縄)に上陸して、「こんなに清潔な町は見たことがない。一点のどろもちりさえもない。」と話しました。また、王宮を訪ねたとき、「どの道路もさんごが敷きつめられて、とてもきれいだった。ごちそうもおいしく、たいへん満足した。」と話しました。

坂本龍馬が日本で最初にしたといわれているのは、次のうちどれ？〈海外旅行　社員旅行　新婚旅行〉

きほんのドリル 28

坂本龍馬

月 日 時 分〜 時 分

名前

人物図鑑 坂本龍馬(1835〜1867)

プロフィール

・**土佐藩**(高知県)の下級武士出身。

・江戸幕府をたおし、新しい政府をつくることをめざした。

行ったこと

・貿易会社を結成した…江戸で勝海舟の弟子になり、その後長崎で貿易会社の亀山社中(のちの**海援隊**)を結成した。

・**薩長同盟**の仲立ちをした…薩摩藩(鹿児島県)の**西郷隆盛**と長州藩(山口県)の**木戸孝允**を会わせて同盟をうながし、新しい政府をつくる動きを進めたが、京都で暗殺された。

坂本龍馬の活やく

書いてみよう 重要語句を正しく書きましょう。

さか もと りょう ま [ ][ ][龍][ ]

と さ はん [ ][ ][ ]

かい えん たい [ ][ ][ ]

さっ ちょう どう めい [薩][ ][ ][ ]

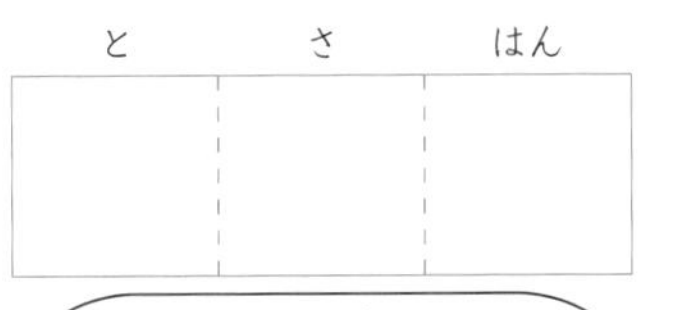

やってみよう 次の問いに答えましょう。

①坂本龍馬は、どこの藩の出身ですか。 [　　　　]

②薩摩藩と長州藩が結んだ同盟を、何といいますか。 [　　　　]

③②の同盟を結ぶために、龍馬が会見させたのは、だれですか。

薩摩藩[　　　　]　長州藩[　　　　]

この人物が生きた時代

縄文 / 弥生 / 古墳 / 飛鳥 / 奈良 / 平安 / 鎌倉 / 室町 / 安土桃山 / 江戸 / 明治 / 大正 / 昭和 / 平成

28 確認のドリル
坂本龍馬

月　日　時　分～　時　分
名前
/50

1 下の写真と文は、坂本龍馬に関するものです。これを見て、あとの問いに答えましょう。

50点（各6、(2)(4)(6)各5）

龍馬がいつもとまっていた寺田屋

坂本龍馬は、初めは外国を打ち払おうという考えであったが、勝海舟に会い開国が正しいと思うようになった。外国との交流がさかんになると考え、航海術などを学び、長崎で貿易会社の亀山社中を設立し、その後、薩長同盟の仲立ちをした。龍馬は、天皇中心の政権、議会をつくる、憲法を定めることなどを考えていた。（これは、船の上で考えられたので「船中八策」といわれている。）

(1) 坂本龍馬は、初め、どんな考えでしたか。 [　　　　]

(2) 坂本龍馬は、だれに会って、考えを変えましたか。 [　　　　]

(3) (2)の考えは、どんな考えですか。 [　　　　]

(4) 薩長同盟を結んだ藩を2つ書きなさい。

[　　　　][　　　　]

(5) 薩長同盟が結ばれたあと、龍馬は「船中八策」で、自分の意見を述べていますが、その内容を3つ書きなさい。

[　　　　][　　　　][　　　　]

(6) 坂本龍馬が設立した亀山社中は、のちに何になりましたか。

[　　　　]

知っ得情報館　「龍馬は、いつも先のことを考えていた」

あるとき、龍馬は友人の長い刀を見て、「長くて、いざという時に役に立たない。」と言って、自分の短刀を見せました。次に会ったときふところからピストルを出して、「これが新しい武器だ。」と言って、友人をおどろかせました。三度目に会ったとき「これからの世の中は学問が大切だ。」と言って、ふところから国際法の本を出して見せました。龍馬はこのように、いつも先のことを考えて行動していました。

新婚旅行。1866年、西郷隆盛のすすめで、湯治をかねて妻のおりょうと霧島の温泉などを楽しんだらしい。

徳川慶喜

月　日　時　分～　時　分
名前

人物図鑑　徳川慶喜(1837～1913)

プロフィール

・江戸幕府の**15代将軍**で、最後の将軍。

行ったこと

・**大政奉還**を行った…幕末に幕府政治を立て直そうと努力したがおよばず、1867年に京都の二条城で大政奉還を宣言し、政権を朝廷に返した。これにより、約260年続いた江戸幕府の政治は終わった。

・**戊辰戦争**で敗れた…**鳥羽・伏見の戦い**(京都府)に始まる、旧幕府軍と新政府軍との間で起こった戊辰戦争に敗れ、政治から去ることとなった。

徳川慶喜の活やく

書いてみよう　重要語句を正しく書きましょう。

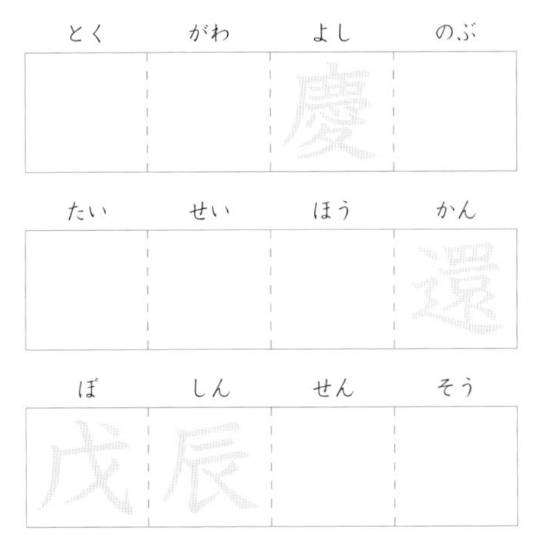

慶喜は、フランスを手本にして幕府の力をとりもどそうとしたんだ。薩長はイギリスに助けられていたんだね。

やってみよう　次の問いに答えましょう。

①徳川慶喜が政権を朝廷に返したことを、何といいますか。［　　］

②上の①によって、何による政治が終わりましたか。［　　］

③鳥羽・伏見の戦いに始まる新政府軍と旧幕府軍の戦いを、何といいますか。

［　　］

この人物が生きた時代

縄文 / 弥生 / 古墳 / 飛鳥 / 奈良 / 平安 / 鎌倉 / 室町 / 安土桃山 / 江戸 / 明治 / 大正 / 昭和 / 平成

徳川慶喜

月　日　時　分～　時　分
名前
/50

1 下の絵と文は、徳川慶喜に関するものです。これを見て、あとの問いに答えましょう。

50点(各8、(4)10)

幕府の役人に（イ）を告げる絵
(聖徳記念絵画館蔵)

徳川慶喜は、江戸幕府の（ア）代将軍になり、1867年に京都の二条城で、大名の意見を聞き、朝廷に政権を返す（イ）を決めた。これにより、260年余り続いた江戸幕府は終わりを告げた。その後、鳥羽・伏見の戦いなどで、新政府軍に敗れ、江戸城は無血開城された。このあとなお旧幕府軍の抵抗は続き、北海道の五稜郭の戦いまで続いた。この戦いを戊辰戦争という。

(1) 上の文のアにあてはまる数字を、□から選んで書きなさい。［　　］

8　14　15

(2) 上の文のイにあてはまることばを書きなさい。［　　］

(3) 上の絵の建物の名前を、□から選んで書きなさい。［　　］

大阪城　二条城　江戸城

(4) 上の絵で、一段高い所にいる人は、だれですか。名前を□から選んで書きなさい。［　　］

西郷隆盛　明治天皇　徳川慶喜

(5) 江戸幕府が終わりを告げたのは、何年ですか。［　　］年

(6) 江戸幕府は、およそ何年続きましたか。［　　］年

知っ得情報館　「慶喜は、パンとミルクが好きだった！」

徳川慶喜は、江戸幕府最後の将軍でしたが、31才で将軍をやめたあとは、静岡に移り住みました。静岡では、狩猟、囲碁などを楽しみながら過ごし、1913年に76才でなくなりました。慶喜は西洋のものにも関心があり、パンとミルクを好み、写真撮影にも熱心でした。

勝海舟が艦長として指揮した「咸臨丸」に乗っていたのは、全員日本人だったのだろうか？

月　日　時　分〜　時　分
名前

30 きほんのドリル 勝海舟

人物図鑑　勝海舟(1823〜1899)

プロフィール

・江戸幕府の下級武士(旗本)出身で、幕府の陸軍総裁となった。

行ったこと

・太平洋を横断した…長崎海軍伝習所で航海術や砲術を学び、**咸臨丸**(オランダ製の木造の軍艦)の艦長として幕府のアメリカへの使節を乗せて太平洋を横断した。

・海軍操練所で指導した…海舟の進言で、幕府が神戸(兵庫県)に建てた海軍の学校で、**坂本龍馬**などを指導した。

・**江戸城無血開城**の実現…**戊辰戦争**で新政府軍が江戸城をこうげきする前に、幕府を代表して**西郷隆盛**と話し合った。

勝海舟の活やく

書いてみよう　重要語句を正しく書きましょう。

かつ　かい　しゅう
[　][　][　]

かん　りん　まる
[咸][　][　]

え　ど　じょう　む　けつ　かい　じょう
[　][　][　][　][　][　][　]

剣の達人だった海舟は、生涯一人も人を斬ったことがなかったんだって。生き物の命もとても大切にしたんだね。

やってみよう　次の問いに答えましょう。

①勝海舟が弟子にした土佐藩出身の人物は、だれですか。　[　　　　]

②幕府が神戸に設立した海軍学校を、何といいますか。　[　　　　]

③旧幕府軍と新政府軍の戦いを、何といいますか。　[　　　　]

④勝海舟は、江戸を戦火から救うために、だれと会談しましたか。　[　　　　]

この人物が生きた時代

縄文	弥生	古墳	飛鳥	奈良	平安	鎌倉	室町	安土桃山	江戸	明治	大正	昭和	平成

勝海舟

月　日　時　分～　時　分

名前　/50

1 下の絵と文は、勝海舟の活やくのようすです。これを見て、あとの問いに答えましょう。

50点(各8、(3)10)

(木村喜昭氏寄贈・横浜開港資料館所蔵)

勝海舟は1853年、(ア)が浦賀に来たとき、海防についての意見書を幕府に出して認められた。そのの ち、長崎へ行き、外国人教師から航海術や砲術を学んだ。1860年、幕府の使節がアメリカへ行くとき、船の艦長として太平洋を横断した。大政奉還のあと、戊辰戦争が始まり、江戸城こうげきの前に、新政府軍の(イ)と会い、江戸城無血開城に成功した。これにより、江戸の町は戦火から救われた。

(1) 上の文のア・イにあてはまる人物の名前を書きなさい。

ア [　　　　] イ [　　　　]

(2) 勝海舟は、身分の低い旗本の出身ですが、幕府に認められるようになったのは、どんなことをしたからですか。□から正しい答えを選んで、記号を書きなさい。

[　　]

ア 海防についての意見書を出したから。　イ 薩長同盟をうながしたから。

(3) 勝海舟は、長崎で外国人教師から、何を学びましたか。 [　　　　]

(4) 上の絵の船は、勝海舟が艦長として乗り、初めて太平洋を横断した船です。この船の名前を書きなさい。 [　　　　]

(5) 勝海舟は、(1)のイの人物と会談して、何に成功したのですか。

江戸城の[　　　　]

知っ得情報館　「日本最初の太平洋横断を果たした咸臨丸」

咸臨丸は、幕府がオランダから買った木造の軍艦。3本マストで、長さ49メートル、幅7メートルの小型帆船で、幕府の海軍伝習所の練習艦でした。咸臨丸は1860年、アメリカへ行く使節の護衛と実地訓練のため、勝海舟を艦長として、90人以上の乗組員で、サンフランシスコまで、約8000キロを37日間かかって到着し、日本最初の太平洋横断を果たしました。

アメリカ人も乗っていた。日本人も90人以上乗っており、船の大きさから考えると、すし詰め状態だった！

31 まとめのテスト2 武士(ぶし)の世(よ)の中を整理(せいり)しよう

月　日　目標時間(もくひょうじかん) 15分　名前　/100

1 下の年表(ねんぴょう)を見て、あとの問(と)いに答えなさい。 57点(各3)

時代	年	主(おも)なできごと
鎌倉(かまくら)	1192	（ ア ）が、征夷大将軍(せいいたいしょうぐん)になる
	1274	元(げん)がせめてくる
	1333	鎌倉幕府(ばくふ)がほろびる
㋐	1338	足利尊氏(あしかがたかうじ)が京都(きょうと)に幕府を開(ひら)く
	1397	（ イ ）が金閣(きんかく)を建(た)てる
	1467	応仁(おうにん)の乱(らん)が起(お)こる
	1573	（ ウ ）が室町(むろまち)幕府をほろぼす
安土桃山(あづちももやま)	1590	（ エ ）が全国(ぜんこく)を統一(とういつ)する
㋑	1603	（ オ ）が江戸(えど)に幕府を開く
	1641	オランダ商館(しょうかん)を長崎(ながさき)の A に移(うつ)し鎖(さ)国(こく)の体制(たいせい)が完成(かんせい)する
		町人の文化(ぶんか)が栄(さか)え、（ カ ）が歌舞伎(かぶき)の作者(さくしゃ)として活やくする
	1774	（ キ ）らが「解体新書(かいたいしんしょ)」を出す
	1853	（ ク ）が浦賀(うらが)に来る
	1854	B を結(むす)ぶ
	1866	薩摩藩(さつまはん)と長州藩(ちょうしゅうはん)が同盟(どうめい)を結ぶ
	1867	大政奉還(たいせいほうかん)

(1) 年表中の㋐と㋑の時代(じだい)名を漢字(かんじ)で書きなさい。

㋐[　　　　]時代　㋑[　　　　]時代

(2) 年表中のア～クにあてはまる人物(じんぶつ)を□から選(えら)び、番号(ばんごう)で答えなさい。

ア[　]　イ[　]　ウ[　]　エ[　]
オ[　]　カ[　]　キ[　]　ク[　]

①杉田玄白(すぎたげんぱく)　②豊臣秀吉(とよとみひでよし)　③足利義満(あしかがよしみつ)　④ペリー
⑤徳川家康(とくがわいえやす)　⑥近松門左衛門(ちかまつもんざえもん)　⑦源頼朝(みなもとのよりとも)　⑧織田信長(おだのぶなが)

(3) 次(つぎ)のことがらと関係(かんけい)の深(ふか)い人物を(2)の□から選び、番号で答えなさい。

ア 黒船(くろふね)[　]　イ 人形浄瑠璃(にんぎょうじょうるり)[　]　ウ ご恩(おん)と奉公(ほうこう)[　]
エ 刀狩(かたながり)[　]　オ 蘭学(らんがく)[　]　カ 関ヶ原(せきがはら)の戦(たたか)い[　]

(4) 年表中の A にあてはまる人工島の名前と、 B にあてはまる条約(じょうやく)名を書きなさい。

A[　　　　]　B[　　　　]

(5) 武士は国を治(おさ)めるために、幕府を開きました。鎌倉・室町・江戸幕府の中で、一番長く続(つづ)いた幕府の名前を書きなさい。

[　　　　]幕府

2 次の人物画とその説明を読んで、あとの問いに答えなさい。 24点(各4)

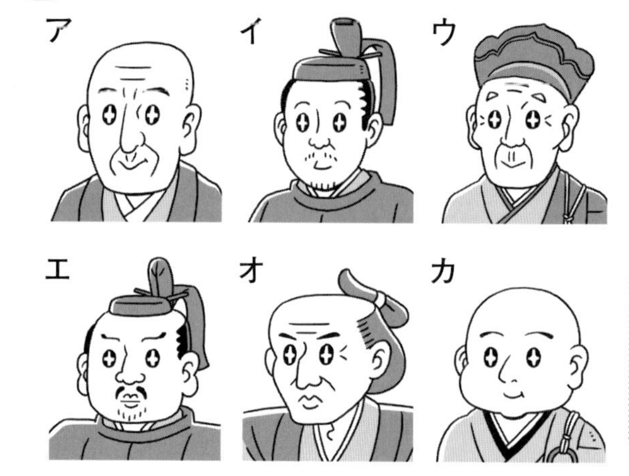

ア「東海道五十三次」をえがいた浮世絵師。
イ銀閣を建てた。
ウすみ絵(水墨画)を芸術として大成した。
エ参勤交代の制度を定めた。
オ各地を測量して日本全図をつくった。
カ元がせめてきたときの幕府の執権。

(1) 上の人物の名前を書きなさい。

ア[ ] イ[ ] ウ[ ]
エ[ ] オ[ ] カ[ ]

3 次の文を読んで、あとの問いに答えなさい。 19点(各3、(3)各2)

関ヶ原の戦いに勝利して、(1)幕府を開いた徳川氏は、さまざまな(2)政策で大名や農民を支配しました。その後、平和な世の中が続き、生活も豊かになり、町人が力をもち始めると、いろいろな(3)文化が発展しました。また、(4)日本人の古くからの考え方を研究する学問や、(5)オランダなど外国からも学問や文化が入ってきて、長崎や江戸で盛んになり、それらを学ぶ人々も増え始めました。幕末には、海外から開国を求めてくる国々もありました。

(1) 下線部(1)の幕府の名前を書きなさい。 [ ]幕府

(2) 下線部(2)について、幕府の政策でないものを[ ]の中から1つ選んで、○で囲みなさい。

[参勤交代の制度　キリスト教の禁止　仏教の禁止]

(3) 下線部(3)について、どんな文化が盛んでしたか。□から2つ選んで書きなさい。

[ ]
[ ]

浮世絵　すみ絵　歌舞伎　茶の湯

(4) 下線部(4)について、①このような学問を、何といいますか。また、②この学問を大成させた人物は、だれですか。

①[ ] ②[ ]

(5) 下線部(5)について、このような学問を、何といいますか。[ ]

上野公園(東京都)の銅像で、西郷隆盛が連れている犬の名前は？

西郷隆盛

月　日　時　分～　時　分

名前

人物図鑑　西郷隆盛(1827～1877)

プロフィール

・薩摩藩(鹿児島県)の下級武士出身。明治維新で活やく。

行ったこと

・**薩長同盟**を結んだ…長州藩の**木戸孝允**と薩長同盟を結んで倒幕を進めた。**戊辰戦争**では新政府軍司令官となり、幕府側の**勝海舟**と話し合い、**江戸城無血開城**に成功した。

・**西南戦争**を起こした…新政府の指導者となったが、**大久保利通**らと意見が合わず辞任し、鹿児島に帰った。のちに新政府の改革に不満をもつ士族におされて西南戦争(鹿児島県)を起こしたが、新政府軍に敗れた。

書いてみよう　重要語句を正しく書きましょう。

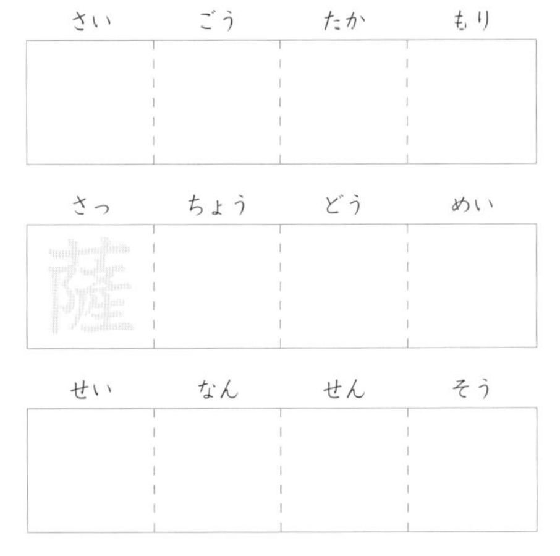

身分制度の廃止で、士族となった武士はこれまでの特権を失い、徴兵令で仕事もなくしたんだ。

西郷隆盛の活やく

やってみよう　次の問いに答えましょう。

①西郷隆盛の生まれた薩摩藩は、今の何県ですか。　[　　　　]

②西郷隆盛は薩長同盟を結び、何をたおそうとしたのですか。　[　　　　]

③西郷隆盛が新政府軍に敗れた戦争を、何といいますか。　[　　　　]

この人物が生きた時代

縄文 / 弥生 / 古墳 / 飛鳥 / 奈良 / 平安 / 鎌倉 / 室町 / 安土桃山 / 江戸 / 明治 / 大正 / 昭和 / 平成

月	日	時	分～	時	分
名前					/50

確認のドリル 32 西郷隆盛

1 下の絵と文は、西郷隆盛の活やくのようすです。これを見て、あとの問いに答えましょう。

50点(各7、(2)(3)各5)

西郷隆盛と エ との会談

（「江戸開城談判」結城素明筆 聖徳記念絵画館蔵）

薩摩藩(ア)の西郷隆盛は、藩の中心人物として活やくした。1866年には、尊王攘夷を唱えていた長州藩(イ)と ウ を結んだ。1868年に戊辰戦争が起こると、新政府軍の司令官となって江戸へ進軍し、江戸総攻撃の直前に、旧幕府の役人の エ と会談して無血開城に成功した。

西郷隆盛は、明治政府でも中心人物として活やくしたが、1873年に政府を去り、薩摩に帰った。

(1) 上の文のア、イにあてはまる、今の県名を書きなさい。

ア[ ]県　イ[ ]県

(2) 尊王攘夷について、次の文の[ ]にあてはまることばを書きなさい。

● [あ]を尊び、[い]を打ち払おうという考え。

(3) 上の文中のウにあてはまることばを書きなさい。 [ ]

(4) 上の絵の説明と文中のエには、同じ人物が入ります。人物名を書きなさい。

[ ]

(5) 薩摩に帰った西郷隆盛が、不満をもつ士族におされて起こした反乱を、何といいますか。 [ ]

(6) 士族たちが不満をもった明治政府の改革のうち、強い軍隊をもつことを目的として出された法令は何ですか。 [ ]

知っ得情報館 「西郷隆盛は2度も島流しされた！」

下級武士の家に生まれた隆盛は、藩校で学び、その努力が藩主島津斉彬に認められ側近として江戸で活やくした。斉彬が死ぬと、将軍あとつぎ問題などで対立していた大老井伊直弼の弾圧をのがれて薩摩に帰ったが、幕府の追及をおそれた藩によって奄美大島に流された。3年後許されるが、今度は藩主の父と対立し、沖永良部島に流された。

「ツン」という名前のメスの薩摩犬。しかし銅像を制作した時、オス犬をモデルにしたので、銅像の犬はオスなのだ。

大久保利通

月　日　時　分～　時　分

名前

人物図鑑　大久保利通(1830～1878)

プロフィール

・**薩摩藩**(鹿児島県)の下級武士出身。**明治維新**で活やく。

行ったこと

・様々な政策を進めた…**木戸孝允**とともに明治政府の中心人物となり、**版籍奉還**☆1・**廃藩置県**☆2・**地租改正**☆3 などの政策を進めた。

・**富国強兵**をめざした…欧米諸国に対抗するため、工業をさかんにして強い軍隊をもつこと(富国強兵)をめざした。

☆1 諸大名が支配していた土地と人民を天皇に返させること。
☆2 藩を廃止して、新たに県や府を配置すること。
☆3 土地の価格の 3%を現金で納めさせる制度。

大久保利通の活やく

書いてみよう　重要語句を正しく書きましょう。

おお　く　ぼ　とし　みち

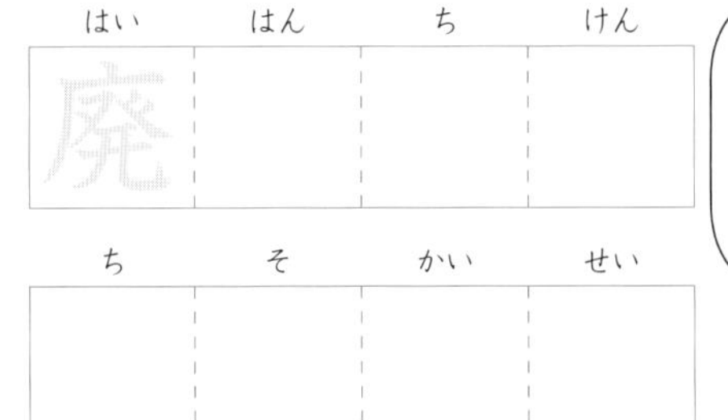

明治政府は産業をさかんにするため(殖産興業)、富岡製糸場(群馬県)など、国が運営する官営工場をつくったよ。

やってみよう　次の問いに答えましょう。

①大久保利通は、何藩の出身ですか。　[　　　　]

②諸大名から、支配している土地と人民を、天皇に返させることを、何といいますか。　[　　　　]

③工業をさかんにして強い軍隊をもつことを、何といいますか。　[　　　　]

確認のドリル 33

大久保利通

月　日　時　分〜　時　分

名前

/50

1 下の絵と文は、大久保利通に関するものです。これを見て、あとの問いに答えましょう。

50点(各4、(3)各7)

富岡製糸場(群馬県)

- 17才で西郷隆盛とともに藩に仕え、藩主に認められて、藩を動かすほどの力をもつようになる。
- 薩英戦争で外国の力を知り、倒幕運動を進める。
- 明治政府では、□とともに政府を動かし、明治国家の基礎づくりを行う。
- 西南戦争では、徴兵令で集めた政府軍を指揮して勝利したが、翌年、暗殺された。

(1) 大久保利通や西郷隆盛が仕えたのは、何藩ですか。　[　　　　]

(2) 上の□にあてはまる、長州藩出身の人物の名前を書きなさい。

[　　　　]

(3) 上の文の下線部のために行ったことを書いた次の文の[　]に、あてはまるものを□から選んで書きなさい。

① 大名の支配する土地と人民を天皇に返す[ア　　　　]に続いて、藩をやめて県を置く[イ　　　　]を行って、中央集権の体制を確立した。

② 年貢をやめ、土地の所有者に地価の[ア　　　　]の税を納めさせる[イ　　　　]を行い、国家の財政を安定させた。

③ 産業を発達させるため、上の絵のような[ア　　　　]をつくり、欧米から技術者を招くなど、[イ　　　　]政策を進めた。

殖産興業　地租改正　版籍奉還
廃藩置県　官営工場　3%　8%

知っ得情報館　「利通と隆盛はおさななじみ」

利通が少年のころ、父は島に流されていたため、一家は貧乏のどん底でした。利通は、ごはん時に近所の西郷家に行き、無言でごはんを食べていたそうです。

大久保利通は、江戸幕府をたおして明治維新をおし進めたが、彼が暗殺された紀尾井坂の名前の由来は？

木戸孝允

月　日　時　分～　時　分
名前

人物図鑑　木戸孝允(1833～1877)

プロフィール

・**長州藩**(山口県)出身。**明治維新**で活やく。

行ったこと

・**薩長同盟**を結んだ…外国勢力を打ち払おうという攘夷運動を進めるが、イギリスなど外国の軍隊が長州藩の砲台を占領したことで外国の強大な力を知った。外国に対抗できる国をつくるためにも倒幕をめざし、薩摩藩と同盟を結んだ。

・**五箇条の御誓文**を作成した…**大久保利通**と明治政府の中心人物となり、政治方針(五箇条の御誓文)を作成し、天皇中心の国の基礎づくりに活やくした。

木戸孝允の活やく

書いてみよう　重要語句を正しく書きましょう。

やってみよう　次の問いに答えましょう。

①長州藩は今の何県ですか。　[　　　　]

②長州藩と薩摩藩が結んだ同盟を、何といいますか。　[　　　　]

③木戸孝允が作成した、新政府の政治の基本方針を示した文書を、何といいますか。　[　　　　]

この人物が生きた時代
縄文／弥生／古墳／飛鳥／奈良／平安／鎌倉／室町／安土桃山／江戸／明治／大正／昭和／平成

確認のドリル 34 木戸孝允

月　日　時　分～　時　分
名前
/50

1 下の史料と年表は、木戸孝允に関するものです。これを読んで、あとの問いに答えましょう。

50点(各10、(5)各5)

一　政治は、(あ)を開き、みんなの意見を聞いて決めよう。
一　みんなが心を合わせ、国の政策を行おう。
一　みんなの志が、かなえられるようにしよう。
一　これまでの悪いしきたりはやめよう。
一　新しい知識を(い)から求め、天皇中心の国を栄えさせよう。

[　　]

年	主なできごと
1833	長州藩の医者の子として生まれる
1849	藩校明倫館で吉田松陰に兵学を学ぶ
1863	長州藩が外国船を砲げき
1864	４か国連合艦隊が下関を砲げき
1866	藩代表で西郷と会い薩長同盟を結ぶ
1868	明治政府の政治の基本方針を示した[　　]を作成する
1871	岩倉欧米使節団に副使として参加

(1) 木戸孝允の生まれた長州藩は、今の何県ですか。 [　　　　]

(2) 薩長同盟を結ぶとき、木戸孝允と西郷隆盛を会わせる仲立ちをした人がいます。[　　]からあてはまる人物を選んで書きなさい。 [　　　　]

勝海舟　坂本龍馬　大久保利通

(3) 上の史料と年表の[　　]には、同じことばが入ります。あてはまることばを書きなさい。 [　　　　]

(4) 上の史料は、だれの名で神に誓う形で出されましたか。 [　　　　]

(5) 上の史料のあ・いにあてはまることばを、[　　]から選んで書きなさい。

あ[　　　　]
い[　　　　]

大名　世界　会議　幕府

知っ得情報館　「維新の三傑ってだれのこと？」

江戸幕府をたおし、新しい明治政府を打ち立てる明治維新で中心的な指導者であった、西郷隆盛、大久保利通、木戸孝允を「維新の三傑」と呼んでいます。３人は、申し合わせたように、1877・1878年に、相次いで死にました。

紀州徳川家、尾張徳川家、井伊家の屋敷があったので、３家の頭文字をとって紀尾井坂という。全部幕府方だね！

きほんのドリル 35 岩倉具視

月　日　時　分～　時　分
名前

人物図鑑　岩倉具視(1825～1883)

プロフィール
- 京都の**公家**(朝廷の貴族)出身。明治政府で活やく。

行ったこと
- 欧米を視察した…**岩倉使節団**の大使として1871年から欧米に向かった。副使として木戸孝允や大久保利通、伊藤博文らが参加し、津田梅子などの女子留学生も同行した。
- 条約改正の予備交渉…江戸時代に結んだ不平等条約の改正を最初の目的としていたが、交渉は失敗に終わった。しかし、参加した人々は欧米の近代的な政治制度や産業について学び、帰国後に日本の近代化に取り組んだ。

岩倉具視の活やく

書いてみよう　重要語句を正しく書きましょう。

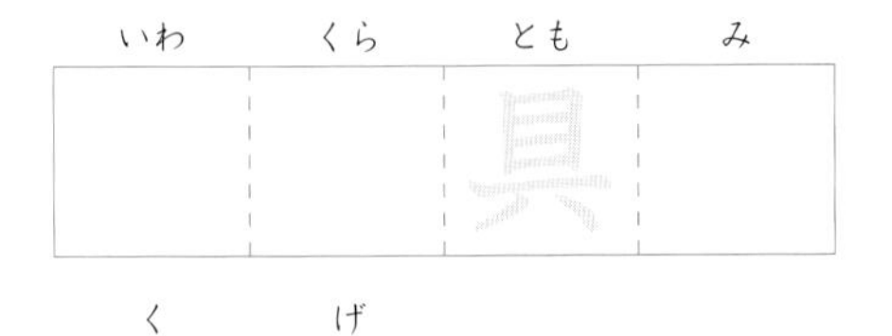

くげ

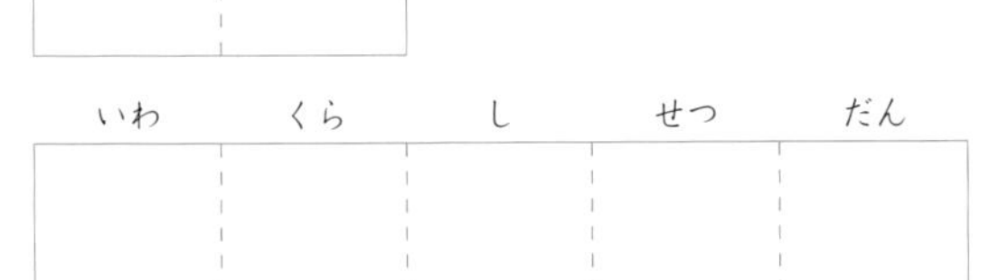

使節団に同行した津田梅子は、帰国後に学校をつくるなど、女子教育につとめたよ。

やってみよう　次の問いに答えましょう。

①岩倉具視が生まれた家がらである、朝廷の貴族を、何といいますか。　[　　　　]

②岩倉使節団が出発したのは、何年ですか。　[　　　　]

③岩倉使節団の最初の目的は、何だったのですか。　[　　　　]

この人物が生きた時代

縄文	弥生	古墳	飛鳥	奈良	平安	鎌倉	室町	安土桃山	江戸	明治	大正	昭和	平成

35 確認のドリル

岩倉具視

月　日　時　分～　時　分

名前

/50

1 下の絵と文は、岩倉具視と欧米に派遣された使節団に関するものです。これを見て、あとの問いに答えましょう。

50点(各8、(2)各6)

□の出発

(「岩倉大使欧米派遣」山口蓬春筆 聖徳記念絵画館蔵)

- 岩倉具視は、大政奉還後、薩摩藩などと朝廷を動かし、天皇を中心とする政治にもどすことを宣言し、公家と薩摩・長州藩中心の新政府をつくった。
- 新政府では重要な役職につき、天皇中心の国づくりを進めた。
- 1871年、江戸時代に結んだ不平等条約の改正交渉と欧米視察を目的とする□の大使となった。一行の中には留学生もおり、その中に当時満6才の津田梅子がいた。

(1) 大政奉還で、政権を返されたときの天皇は、何天皇ですか。[　　　　]

(2) 江戸時代に結んだ不平等条約のことを書いた次の文の[　]にあてはまることばを、□から選んで書きなさい。

● 江戸幕府は、1858年にアメリカと[ア　　　　]を結んだ。この条約では、外国人が日本国内で罪をおかしても、日本の法律ではさばくことができない[イ　　　　]を認めることや、外国からの輸入品に自由に税をかける権利である[ウ　　　　]を日本に認めないことが決められていた。

日米和親条約　日米修好通商条約　関税自主権　領事裁判権

(3) 上の絵と文の□には、同じことばが入ります。あてはまることばを書きなさい。

[　　　　]

(4) (3)が目的とした不平等条約の改正交渉は、実現しましたか。[　　　　]

(5) (3)の中の当時満6才の女子留学生の名前は何といいますか。[　　　　]

知っ得情報館　「ワシントン－東京を往復した大久保と伊藤」

使節団がアメリカ合衆国に着いたとき、ワシントンで、信任状の提出を求められました。しかしその用意はなかったので、やむなく大久保と伊藤が日本に取りに帰ることになりました。

明治天皇が好物だったのは、次のうちどれ？〈カレーパン　あんパン　メロンパン〉

36 きほんのドリル

明治天皇

月　日　時　分〜　時　分

名前

人物図鑑　明治天皇(1852〜1912)

プロフィール

・明治時代の天皇。

行ったこと

・**五箇条の御誓文**を出す…木戸孝允が作成した新政府の政治方針(五箇条の御誓文)を、天皇が神に誓うという形で発表した。

・**元号**を明治とした…1868年、元号を明治とし、江戸を**東京**と改めた。翌年、東京を首都とした。

・**大日本帝国憲法**の発布…天皇に主権があることを定めた憲法を、1889年に天皇が国民にあたえるという形で発布した。

明治天皇の活やく

書いてみよう　重要語句を正しく書きましょう。

めい　じ　てん　のう

たい　せい　ほう　かん

げん　ごう

とう　きょう

やってみよう　次の問いに答えましょう。

①明治天皇が神に誓うという形で発表した新政府の政治方針を、何といいますか。 [　　　　]

②江戸は、何という名称に改められましたか。 [　　　　]

③大日本帝国憲法が発布されたのは、何年ですか。 [　　　　]

この人物が生きた時代

縄文／弥生／古墳／飛鳥／奈良／平安／鎌倉／室町／安土桃山／江戸／明治／大正／昭和／平成

明治天皇

月　日　時　分～　時　分

名前

/50

1 下の絵と年表は、明治天皇に関係することです。これを見て、あとの問いに答えましょう。

50点(各7、(4)各4)

大日本帝国憲法の発布

年	主なできごと
1852	(ア)で孝明天皇の皇子として生まれる
1867	天皇となる
	将軍が政権を天皇に返す……イ
	天皇自ら政治を行う宣言をする
1868	五箇条の御誓文を内外に発表する
	江戸を(ウ)と改称、元号を明治と定める
1869	版籍奉還を行う、遷都が行われる
1871	廃藩置県を行う

(1) 年表の(ア)は、朝廷の置かれていたところです。地名を書きなさい。

[　　　　　　]

(2) 年表のイを、何といいますか。□から選んで書きなさい。

[　　　　　　]

大政奉還　　版籍奉還

(3) 年表の(ウ)には、地名が入ります。地名を書きなさい。[　　　　　　]

(4) 年表の下線部のことを書いた、次の文の[ ]にあてはまるものを、□から選んで書きなさい。

大久保利通　国民　木戸孝允　神

● [① 　　　　]の作成した、新政府の政治の方針を、天皇は[② 　　　　]に誓う形で、内外に発表した。

(5) 次の文の[ ]にあてはまることばを選び、○で囲みなさい。

● 大日本帝国憲法は、①[天皇　国民]が ②[天皇　国民]にあたえる形で発布された。この憲法で主権者は ③[天皇　国民]と定められていた。

知っ得情報館　「京都の人たちは東京遷都に反対だった？」

1868年に江戸を東京と改め、翌年にかけて、天皇の東京行幸が行われました。しかし、東京遷都の正式発表はないままでした。それほど首都移転反対は強かったのです。

あんパン。あんパンに塩漬けした桜の花びらを乗せて献上したところ、天皇は大変喜んで食べられたそうだ。

月　日　時　分〜　時　分

名前

37 きほんのドリル 福沢諭吉（ふくざわゆきち）

人物図鑑　福沢諭吉(1834〜1901)

プロフィール

・幕末（ばくまつ）から明治時代初（めいじじだいはじ）めの教育者（きょういくしゃ）。

行ったこと

・「学問（がくもん）のすゝ（す）め」を著（あらわ）した…「天は人の上に人をつくらず、人の下に人をつくらず」で始（はじ）まる本で、人間の自（じ）由（ゆう）・平等（びょうどう）の考え方をわかりやすく説（と）いた。

・**文明開化**（ぶんめいかいか）をおし進（すす）めた…西洋（せいよう）にならった生活様式（ようしき）や文化（ぶんか）などがよいとされる風潮（ふうちょう）である文明開化が進められた。政府は、1872年に欧米（おうべい）の国々にならって学制（がくせい）を公布（こうふ）し、6才以上（いじょう）の男女が小学校に通うことが定（さだ）められた。これにより、全国（ぜんこく）にたくさんの小学校が建（た）てられた。

福沢諭吉の活やく

書いてみよう　重要語句（じゅうようごく）を正しく書きましょう。

ふく　ざわ　ゆ　きち

[ ][ ][ ][ ]

ぶん　めい　かい　か

[ ][ ][ ][ ]

がく　せい

[ ][ ]

福沢諭吉は、今の1万円札（さつ）の肖像（しょうぞう）画（が）になっているよ。

やってみよう　次（つぎ）の問（と）いに答えましょう。

①福沢諭吉が著した、「天は人の上に人をつくらず、人の下に人をつくらず」で始まる本の書名を、何といいますか。　[　　　　]

②人々の生活が、西洋風に大きく変化（へんか）したことを、何といいますか。　[　　　　]

③学制の公布によって全国に建てられたのは、何ですか。　[　　　　]

この人物が生きた時代

縄文／弥生／古墳／飛鳥／奈良／平安／鎌倉／室町／安土桃山／江戸／明治／大正／昭和／平成

福沢諭吉

月　日　時　分～　時　分

名前

/50

1 下の史料と文は、福沢諭吉に関するものです。これを読んで、あとの問いに答えましょう。

50点(各8、(3)各5)

天は人の上に人をつくらず、人の下に人をつくらずといわれるように、万人(すべての人)はみな、生まれながらにして平等である。
……また、学問のなかでも世の中の役に立つ実学を学ぶことで、人は独立することができる。一人ひとりの独立が、やがて日本の独立につながるのである。

(「　」の要約)

諭吉は、幕末、江戸へ出て蘭学塾を開いた。そのとき、開港して貿易の始まった横浜へ行って、これからは英語が必要だということを知った。
明治時代になる直前、教育に力を注ごうと、学校を開いた。また、西洋の新しい考え方を広めようと思って、「　」を出版して、自由・平等を説いた。

(1) 上の下線部に関連して、明治時代の教育を説明した次の文の[　]にあてはまることばを、　から選んで書きなさい。

●明治政府は、1872年に[ア　　]を公布し、[イ　　]以上の男女が[ウ　　]に通うことが定められた。

学制　徴兵令　6才　12才　高等学校　小学校

(2) 上の史料と文の　には、同じことばが入ります。あてはまることばを書きなさい。[　　]

(3) 上の史料について、次の問いに答えなさい。

① 万人(すべての人)は、どうあるといっていますか。[　　]

② 一人ひとりの独立が、何につながるといっていますか。[　　]

(4) 明治時代に、西洋風の生活様式が広まったことを、何といいますか。[　　]

知っ得情報館　「迷信を信じなかった諭吉！」

少年時代、諭吉は、迷信を信じませんでした。神様や仏様のものを粗末にすると“ばち”が当たると言われると、諭吉は、神社のお札をふんづけてみたり、お稲荷様に入っている石を取り変えてみたりして、ばちが当たるかどうかためしてみたそうです。

福沢諭吉が紹介したものは、次のうちどれ？〈生命保険　株式　社会保障制度〉

板垣退助

月　日　時　分〜　時　分

名前

人物図鑑　板垣退助(1837〜1919)

プロフィール

・**土佐藩**(高知県)出身。明治政府で活やく。

行ったこと

・**自由民権運動**を指導した…西郷隆盛らとともに政府を去ったあと、政府が薩摩藩と長州藩の一部の者によって動かされていることを批判した。1874年に政府に意見書を出して、国民の意見を聞くために**国会の開設**を求め、自由民権運動を指導した。政府は演説会や新聞などを厳しく取りしまったが、1881年に10年後の国会開設を約束した。

・**自由党**の結成…国会開設に備えて自由党を結成した。

板垣退助の活やく

明治政府の体制は薩摩藩と長州藩出身のメンバーでほぼ構成されていた

長　薩　政府

ウ〜ム…!?

今の政府は一部の者だけが政治を動かしている…

もっと国民の声を聞いて進めるべきだ!

板垣退助

国会を開くことや憲法を定めることを政府に求めるぞ!

ワー

政府

自由民権運動を始める

運動は全国に広まり、ついに…

十年後に国会を開くよ

政府

やった!

書いてみよう　重要語句を正しく書きましょう。

やってみよう　次の問いに答えましょう。

①板垣退助が指導した運動を、何といいますか。　[　　　　]

②上の①の結果、政府は10年後に何をすることを約束しましたか。　[　　　　]

③板垣は、②のあと、そのときに備え、何を結成しましたか。　[　　　　]

38 確認のドリル

板垣退助

月　日　時　分～　時　分

名前

/50

1 下の地図と絵は、自由民権運動についてのものです。これを見て、あとの問いに答えましょう。

50点(各10)

国会を開設してほしいという署名に参加した人々の数(1874～1881年)

▲ 1～5000人
○ 5001～10000人
● 10001人以上

秩父事件(1884年)

自由民権運動の演説会

(1) 板垣退助らは、政府について次のような意見を述べました。[　]にあてはまることばを、[　]から選んで書きなさい。

● 今の政府は、[ア　　　　　]藩出身の一部の者がにぎっている。国民の声を聞く[イ　　　　　]を開くべきである。

選挙　　国会　　土佐・会津　　薩摩・長州

(2) 板垣退助は、国会開設を求める運動の中心人物として活やくしました。この運動を、何といいますか。

[　　　　　　]

(3) 次の文は、上の地図と絵からわかることです。[　]にあてはまることばを書きなさい。

● 上の絵で、警官は演説を[ア　　　　　]しようとしている。政府は演説会を厳しく取りしまったが、国会開設を求める[イ　　　　　]が全国から集められるなど、(2)の運動は全国に広まった。

知っ得情報館　「板垣は自由党を解党してしまった！」

10年後の国会開設(1890年)に備え、1881年に自由党を結成し党首となった板垣でしたが、米などの農産物価格が下がって農民の生活が苦しくなる中で、自由党は政府と対決するようになっていきました。板垣はこれをきらい、1884年に解党してしまいました。

生命保険。国民の独立を保障する一つの方策として生命保険を紹介し、その制度化に尽くした。

きほんのドリル 39
大隈重信

月　日　時　分～　時　分
名前

人物図鑑　大隈重信(1838～1922)

プロフィール

・佐賀藩(佐賀県)出身の政治家、教育者。明治政府の外交や鉄道建設で活やく。

行ったこと

・立憲改進党の結成…早期の国会開設を主張して政府と対立し、政府を追われた。その後、政府が国会開設を約束すると、イギリス流の立憲改進党を結成した。

・政党内閣の組織…板垣退助が結成した自由党と合同して、日本初の政党内閣をつくり、内閣総理大臣(首相)となった。

大隈重信の活やく

書いてみよう　重要語句を正しく書きましょう。

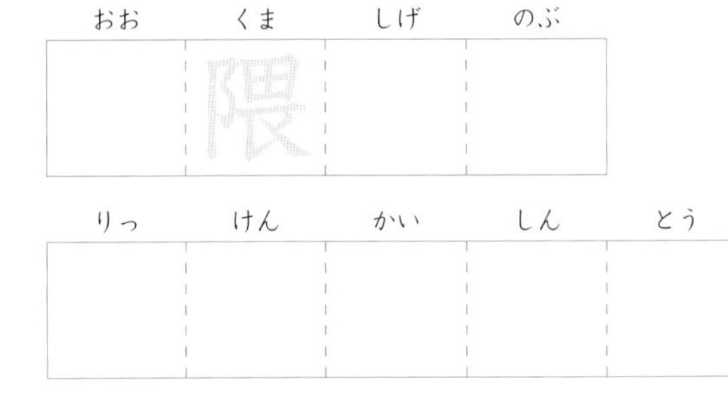

大隈重信は、現在の早稲田大学を設立したよ。

やってみよう　次の問いに答えましょう。

①国会開設や憲法制定などを求めた運動を、何といいますか。［　　　］

②国会開設に備えて、大隈重信が結成した政党を、何といいますか。［　　　］

③大隈が結成した政党と合同した相手の政党を、何といいますか。［　　　］

この人物が生きた時代

縄文	弥生	古墳	飛鳥	奈良	平安	鎌倉	室町	安土桃山	江戸	明治	大正	昭和	平成

大隈重信

月　日	時　分～　時　分
名前	/50

1 下の史料は大隈重信の自伝の一部です。文は大隈重信についてのことです。これを読んで、あとの問いに答えましょう。

50点(各8、(1)②各5)

「三田の慶応義塾はすでにたくさんの優秀な卒業生を社会に送り出している。 A さんの紹介で、私のところでも、優秀な人が働いている。私は人材を必要と感じた。当時はまだ B藩閥(一部の藩の出身者)の力が強くて、優秀な人が恵まれないでいた。私はどうしても、有力な私学をおこさなければならないと、かねてより考えていた。」　(大隈の自伝)

大隈重信は、佐賀藩(佐賀県)の武士の家に生まれ、藩の学校や、ア出島のあった貿易都市で、英語や欧米の政治・法律などを学んだ。この語学力などで明治政府の高官となったが、政府を追われたのは、藩閥とのイ意見の対立が原因ともいえる。また、ウ結成した政党は、藩のころ学んだり、見聞したことが生きていたといえよう。

(1) 上の史料(大隈重信の自伝)を読んで、次の問いに答えなさい。

① A にあてはまる、慶応義塾設立者で、「学問のすゝめ」を著した人物はだれですか。　[　　　　]

② 下線部Bについて、政府の中で特に力をもっていたのは、何藩の出身者でしたか。藩の名を2つ書きなさい。　[　　　　][　　　　]

(2) 上の右の文を読んで、次の問いに答えなさい。

① 下線部アの都市名を書きなさい。　[　　　　]

② 下線部イの意見の対立は、自由民権運動と関係しています。この運動を指導した土佐藩(高知県)出身の政治家は、だれですか。　[　　　　]

③ 政府内での意見の対立は、藩閥との対立でもありました。大隈重信は何藩の出身ですか。　[　　　　]

④ 下線部ウの政党は、何といいますか。　[　　　　]

知っ得情報館　「早稲田大学の発足を祝う提灯行列！」

早稲田大学が発足したのは1902年でした。午後から始まった式典のあと、提灯行列が行われました。夕やみせまる都の西北早稲田の杜から、皇居前まで延々4キロにおよぶ5000人の学生たちの提灯行列はとても壮観でした。この提灯行列は、日本最初のものであったということです。

伊藤博文らが憲法の草案を作成していたところ、草案の入ったかばんがぬすまれた！　草案はどうなった？

月　日　時　分〜　時　分

名前

伊藤博文

人物図鑑　伊藤博文(1841〜1909)

プロフィール

・長州藩(山口県)出身の政治家。初代内閣総理大臣。

行ったこと

・大日本帝国憲法を立案…憲法調査でヨーロッパに行き、ドイツの憲法を手本に日本の憲法を考えた。1889年に明治天皇が国民にあたえるという形で、大日本帝国憲法が発布された。その後、1890年に初めての選挙が行われ、第1回の帝国議会(国会)が開かれた。

・内閣制度をつくった…天皇から任命された内閣総理大臣が、内閣を組織し行政を担当するしくみ。1885年に初代内閣総理大臣となった。

伊藤博文の活やく

書いてみよう　重要語句を正しく書きましょう。

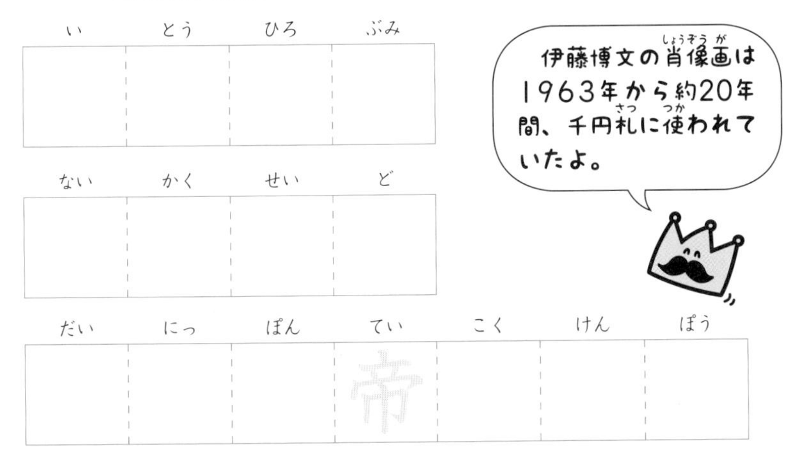

やってみよう　次の問いに答えましょう。

①伊藤博文は、どこの国の憲法を参考に憲法を立案しましたか。［　　　］

②伊藤博文が立案し、1889年に発布された憲法を、何といいますか。

［　　　］

③伊藤博文がつくった行政を担当するしくみを、何といいますか。［　　　］

この人物が生きた時代

縄文	弥生	古墳	飛鳥	奈良	平安	鎌倉	室町	安土桃山	江戸	明治	大正	昭和	平成

確認のドリル 40 伊藤博文

月　日　時　分～　時　分

名前

/50

1 下の史料は大日本帝国憲法の一部です。これを読んで、あとの問いに答えましょう。

50点(各4、(2)各5)

第1条　大日本帝国は、永久に続く同じ家系の天皇が治める。
第3条　天皇は神のように尊いものである。
第4条　天皇は国の元首であり、国や国民を治める権限をもつ。
第11条　天皇は、陸軍・海軍を指揮する最高の権限をもっている。
第29条　国民は、法律の範囲内で、言論、出版、集会、結社の自由をもつ。
第33条　議会は、貴族院・衆議院の両院で構成する。　(一部やさしく書き直したもの)

(1) 自由民権運動が広がる中、政府はどんな決定をしましたか。[　　　　]

(2) 伊藤博文がヨーロッパで学んだことを書いた、次の文の[　]に入ることばを書きなさい。

● [ア　　　　]の権力の強い[イ　　　　]の憲法に学んだ。

(3) 憲法づくりを進めるにあたって、伊藤博文が天皇から任じられた役は、何ですか。

[　　　　]

(4) 大日本帝国憲法は、どんな形で発布されましたか。[　]に入ることばを書きなさい。

● [ア　　　　]が[イ　　　　]にあたえるという形で発布された。

(5) 上の史料を見て答えなさい。

① 国を治めるのは、だれと定めていますか。[　　　　]

② 天皇は、何のように尊いといっていますか。[　　　　]

③ 軍隊を指揮する権限をもっているのは、だれですか。[　　　　]

④ 国民の権利は、何の範囲内とされていますか。[　　　　]

⑤ 議会を構成するのは、何院と何院ですか。

[　　　　][　　　　]

知っ得情報館　「憲法発布は『絹布のはっぴ』？」

当時はまだ憲法について知っている人は少なかったようです。ラジオもテレビもない、新聞の発行部数も少なかったので、知らされる機会もなかったのです。そのため「絹布のはっぴ(仕事をする人のはおるもの)」というかん違いも起こりました。

無事だった。どろぼうは、お金だけをぬき取り、草案はかばんの中に残っていた。草案が目的ではなかったのだ！

陸奥宗光と小村寿太郎

月　日　時　分～　時　分

名前

人物図鑑　陸奥宗光(1844～1897)と小村寿太郎(1855～1911)

プロフィール

・陸奥宗光と小村寿太郎はともに明治時代の政治家で外交官。

行ったこと

・陸奥宗光…日清戦争前の1894年に**領事裁判権（治外法権）**☆1の**撤廃**に成功。日清戦争のとき全権として**下関条約**を結んだ。

・小村寿太郎…日露戦争前の1902年にイギリスと日英同盟を結び、日露戦争のとき全権として**ポーツマス条約**を結んだ。1911年、**関税自主権**☆2の**回復**に成功。

☆1 日本にいる外国人を日本の法律で裁判をする権利がないもの。

☆2 自分の国で輸入品に自由に税をかける権利。

陸奥宗光と小村寿太郎の活やく

書いてみよう　重要語句を正しく書きましょう。

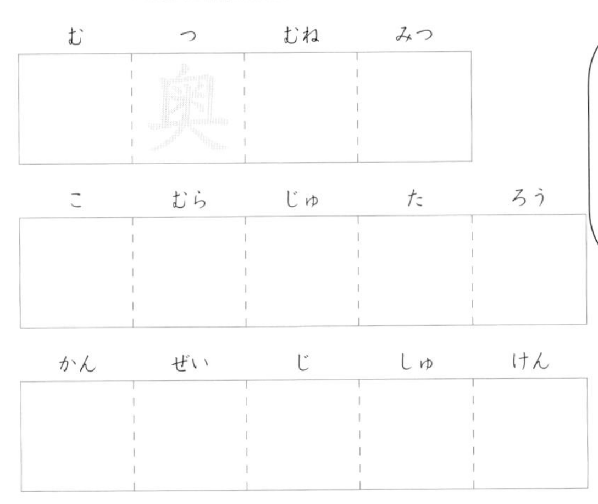

日露戦争では、アメリカ大統領の仲立ちで講和条約を結んだよ。だからアメリカのポーツマスで会議が開かれたんだ。

やってみよう　次の問いに答えましょう。

①陸奥宗光が、撤廃に成功した権利を、何といいますか。　［　　　　］

②日清戦争の講和条約を、何といいますか。　［　　　　］

③小村寿太郎は、日露戦争の前、イギリスと何を結びましたか。　［　　　　］

④日露戦争の講和条約を、何といいますか。　［　　　　］

この人物が生きた時代

縄文	弥生	古墳	飛鳥	奈良	平安	鎌倉	室町	安土桃山	江戸	明治	大正	昭和	平成

41 確認のドリル

陸奥宗光と小村寿太郎

月　日　時　分～　時　分

名前

/50

1 下の絵と文は、ノルマントン号事件に関するものです。これを見て、あとの問いに答えましょう。

50点(各7、(6)各4)

ノルマントン号事件

この事件は、1886年、和歌山県沖で起こった。イギリス船のノルマントン号がちんぼつしたとき、乗船していたイギリス人は全員ボートで脱出して助かったが、日本人は全員おぼれ死んだ。このあとイギリス人船長は、イギリスの裁判で軽いばつを受けただけだった。これを知った日本の国民は、これは、不平等条約があるからだと知り、これを早く改めることを強く求めたのである。

(1) 絵について、次の問いに答えなさい。

① ボートに乗っているのは、どこの国の人ですか。 [　　　　]

② 助けを求めているのは、どこの国の人ですか。 [　　　　]

(2) 上の文の下線部を説明した次の文の[　]にあてはまることばを、書きなさい。

●イギリス人船長が日本で罪をおかしても、イギリスの裁判で軽いばつを受けただけですんだのは、不平等条約によって外国に[　　　　]が認められていたからである。

(3) (2)の不平等をなくした外務大臣は、だれですか。 [　　　　]

(4) 不平等条約で貿易に関係している権利は、何ですか。 [　　　　]

(5) (4)の回復に成功した外務大臣は、だれですか。 [　　　　]

(6) (3)と(5)の外務大臣は、それぞれ□の中のどちらの条約の全権でしたか。記号で答えなさい。

①(3)の外務大臣 [　　]

②(5)の外務大臣 [　　]

ア ポーツマス条約　　イ 下関条約

知っ得情報館　「全権小村、ヒッソリ帰国」

日露戦争での大増税に苦しんでいた国民は、小村寿太郎全権を盛大に見送りました。しかし、講和で賠償金を得られないことを知った国民はいかり、焼き打ち事件まで起こり、小村の帰国はヒッソリとかくれるような帰国でした。

陸奥宗光が加わっていたのは、次のうちどれ？ 〈新撰組　海援隊　岩倉使節団〉

きほんのドリル 42
東郷平八郎

月　日　時　分〜　時　分

名前

人物図鑑　東郷平八郎(1847〜1934)

プロフィール

・明治から大正時代の海軍軍人。

行ったこと

・**ロシア艦隊**を破った…日清戦争では、巡洋艦の艦長として海戦に参加した。

日清戦争後、日本とロシアは朝鮮(韓国)などをめぐって対立するようになり、1904年に**日露戦争**が始まった。日露戦争では、連合艦隊司令長官として艦隊を指揮し、**日本海海戦**で、世界最強といわれたロシア艦隊を破って、戦争を勝利に導いた☆1。

☆1 日露戦争の講和条約は、アメリカの仲立ちで1905年に結ばれた。

東郷平八郎の活やく

東郷は国民的英雄となりその名を世界に広めた

オレたち世界3大提督！

ジョン・ポール・ジョーンズ　ホレーショ・ネルソン

書いてみよう　重要語句を正しく書きましょう。

とう　ごう　へい　はち　ろう

にち　ろ　せん　そう

に　ほん　かい　かい　せん

日露戦争中、中国のリュイシュン（旅順）で起こった戦いで、日本は多くの戦死者を出したよ。

やってみよう　次の問いに答えましょう。

①1904年に始まった、日本とロシアの戦争を、何といいますか。　[　　　]

②上の①のとき、東郷平八郎が連合艦隊司令長官としてロシアの艦隊と戦った海戦を、何といいますか。　[　　　]

③日露戦争の講和条約を仲立ちした国はどこですか。　[　　　]

この人物が生きた時代

縄文／弥生／古墳／飛鳥／奈良／平安／鎌倉／室町／安土桃山／江戸／明治／大正／昭和／平成

東郷平八郎

月 日 時 分～ 時 分
名前 /50

1 下の絵と文は、日清・日露戦争のころのようすです。これを見て、あとの問いに答えましょう。

50点(各6、(1)各5)

東アジアの関係をえがいたふうし画

日清戦争後、朝鮮を手に入れようとする日本と、満州に勢力をのばし、朝鮮にも進出しようとするロシアとの対立が深まり、1904年、戦争となった。日本は、リュイシュン(旅順)での13万人の兵士の半数近くが死傷するほどの激しい戦いや、日本海でのロシアの艦隊との海戦に勝利した。しかし、日本は戦力が限界になり、ロシアも国内で革命が起こったため、アメリカの仲立ちで講和した。

(1) 上の絵を説明した次の文の[ ]にあてはまる国を、[ ]から選んで書きなさい。

●魚にたとえている[ア　　]をつりあげようとしているのが、左の人物の[イ　　]と、右の人物の[ウ　　]で、そのなりゆきを橋の上から見ている人物が[エ　　]である。

日本　清　朝鮮　ロシア

(2) 1904年に始まった戦争を、何といいますか。 [　　]

(3) リュイシュン(旅順)は、どこの国にありますか。 [　　]

(4) 上の文の下線部について、次の問いに答えなさい。

① この海戦での日本の連合艦隊の司令長官は、だれですか。 [　　]

② この海戦を、何といいますか。 [　　]

(5) 日露戦争の講和条約を仲立ちしたのは、何という国ですか。 [　　]

知っ得情報館 「地球を半周したロシアの大艦隊」

日露戦争の切り札として、ロシアは大艦隊をヨーロッパから極東に向けて派けんしました。バルト海の港を出発した大艦隊は、アフリカ南端を回ってインド洋を東に進み、マラッカ海峡を通って北上し、ついに日本海に到達しました。200日をこえる長旅で船員はつかれきっていたそうです。

海援隊。紀州藩の藩士の家に生まれたが脱藩し、勝海舟や坂本龍馬に海軍や外国の知識を学んだ。

与謝野晶子

月　日　時　分～　時　分

名前

人物図鑑　与謝野晶子(1878～1942)

プロフィール

・明治時代から昭和時代にかけての女流歌人。大阪府堺市出身。

行ったこと

・戦争に反対する詩を発表…日露戦争のとき、戦場の弟を心配し、短歌の雑誌である「明星」に「**君死にたまふことなかれ**(弟よ死なないでください)」という詩を発表した。

あゝをとうとよ、君を泣く、君死にたまふことなかれ、
末に生まれし君なれば 親のなさけはまさりしも、
親は刃をにぎらせて 人を殺せとをしへしや、
人を殺して死ねよとて 二十四までをそだてしや。

与謝野晶子の活やく

書いてみよう　重要語句を正しく書きましょう。

よ　さ　の　あき　こ

たん　か

にち　ろ　せん　そう

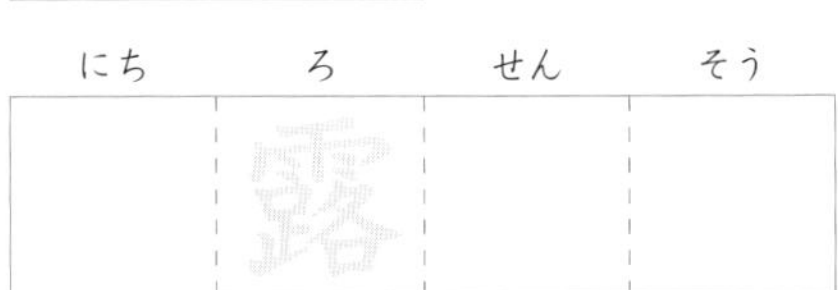

与謝野晶子は、12人の子の母親でもあったんだって！

やってみよう　次の問いに答えましょう。

①与謝野晶子が戦場の弟のことを心配してつくった詩は、何という題ですか。

[　　　　　　　　]

②与謝野晶子の弟が、戦場に行くことになったのは、何戦争が始まったからですか。

[　　　　　　　　]

43 確認のドリル
与謝野晶子

月 日 時 分〜 時 分
名前
/50

1 下の詩と絵は、与謝野晶子に関するものです。これを見て、あとの問いに答えましょう。

50点(各10)

あゝをとうとよ、君を泣く、
君死にたまふことなかれ、
末に生まれし君なれば
親のなさけはまさりしも、
親は刃をにぎらせて
人を殺せとをしへしや、
人を殺して死ねよとて
二十四までをそだてしや。

堺の街のあきびとの
旧家をほこるあるじにて
親の名を継ぐ君なれば
君死にたまふことなかれ、
旅順の城はほろぶとも、
ほろびずとても、何事ぞ
君は知らじな、あきびとの
家のおきてに無かりけり。

リュイシュン(旅順)の戦いでは、13万人の兵士の半数近くが死傷しました。

(1) 次の文の[ ]の中にあてはまることばを、[ ]から選んで書きなさい。

● 与謝野晶子は、[ア]戦争が始まると、戦場に行った弟を心配して、「[イ]」の詩を発表し、戦争に反対する気持ちをあらわした。

日清　日露　君死にたまふことなかれ　学問のすゝめ

(2) 与謝野晶子の出身はどこですか。上の詩の中からあてはまる都市名を書きなさい。

[ ]

(3) (1)の戦争で激戦地となった戦場はどこですか。上の詩の中からあてはまることばを書きなさい。

[ ]

(4) この戦争末期に日本は、兵士も物資もなくなり、戦場に送れないほどになりました。また、ロシアでも国内で革命が起こりました。この戦争の講和を仲立ちした国は、どこですか。

[ ]

知っ得情報館　「与謝野晶子の弟は、戦死したの、帰れたの？」

与謝野晶子の生まれた家は、大阪府堺市の、ようかんが有名な古くからの和菓子屋でした。日露戦争後、この和菓子屋のあとをついだのは、晶子の弟でした。弟は無事戦場からもどってきたのです。

野口英世が候補者になったことがあるのは、次のうちどれ？〈国民栄誉賞　ノーベル賞　アカデミー賞〉

きほんのドリル 44
野口英世

月　日　時　分〜　時　分
名前

人物図鑑　野口英世(1876〜1928)

プロフィール

・福島県出身の医学者。
・幼いころの大やけどで動かなくなった左手を、15才のとき手術で治し、医学の道に進む決意をした。

行ったこと

・細菌学の研究…**北里柴三郎**(**破傷風**の治りょう法を発見)の伝染病研究所に入り、研究にはげんだ。この研究所には、**赤痢菌**を発見した**志賀潔**も入所していた。その後、アメリカに行き、へび毒の研究で注目されロックフェラー医学研究所に入ったが、アフリカで**黄熱病**の研究中に感染してなくなった。

野口英世の活やく

書いてみよう　重要語句を正しく書きましょう。

の	ぐち	ひで	よ
		英	

おう	ねつ	びょう

きた	さと	しば	さぶ	ろう

し	が	きよし

野口英世は、今の千円札の肖像画になっているよ。

やってみよう　次の問いに答えましょう。

①破傷風の治りょう法を発見し、伝染病研究所をつくったのは、だれですか。
[　　　　]

②赤痢菌を発見した人は、だれですか。 [　　　　]

③野口英世がアメリカで注目されたのは、何の研究ですか。 [　　　　]

この人物が生きた時代

縄文	弥生	古墳	飛鳥	奈良	平安	鎌倉	室町	安土桃山	江戸	明治	大正	昭和	平成

野口英世

月 日 時 分～ 時 分

名前

/50

1 下の写真と文は、野口英世に関するものです。これを見て、あとの問いに答えましょう。

50点(各10)

□医学研究所での野口英世

医術開業試験に合格した野口英世は、医者にならず研究者になる決心をして、伝染病研究所に入って細菌学の研究を始めた。1900年、アメリカにわたり、へび毒の研究で注目され、□医学研究所に入所した。ここで約10年間、いろいろな研究で成果をあげ、世界にその名が知られるようになった。この業績は日本にも伝えられ、京都大学から医学博士の学位を受けた。しかし、アフリカのガーナで黄熱病の研究中、感染してなくなった。

(1) 文中の下線部について、次の問いに答えなさい。

① この研究所をつくった人は、だれですか。 [ ]

② この研究所で細菌学を研究していた志賀潔は、何を発見しましたか。

[ ]

(2) 上の写真と文の□には、同じことばが入ります。あてはまるものを□から選んで書きなさい。

[ ]

ロックフェラー　　オックスフォード

(3) 野口英世は、1928年になくなりました。次の問いに答えなさい。

① 野口英世がなくなった、アフリカ大陸の国はどこですか。

[ ]

② 野口英世は、①の国でどのような病気を研究していましたか。

[ ]

知っ得情報館　「野口英世が名前を変えたきっかけは？」

野口英世は清作という名でしたが、坪内逍遥の小説に意志の弱い医学生、野々口精作という登場人物が出ているのを見て、清作という名がいやになり、英世に改名したそうです。

ノーベル賞。1914年に候補者となったが、第一次世界大戦のため、ノーベル賞は取りやめになった。

田中正造

月　日　時　分～　時　分
名前

人物図鑑　田中正造(1841～1913)

プロフィール

・下野(栃木県)出身の政治家。

行ったこと

・**足尾銅山**の鉱毒事件の解決をめざした…明治時代に衆議院議員選挙で当選し、国会で何度も足尾銅山(栃木県)の鉱毒問題☆1を取り上げ、政府を追及した。これは日本で**最初の公害問題**となった。

☆1 渡良瀬川の上流にある足尾銅山の工場から有害な廃水が流されたことで、農作物などに被害が出るようになり、流域の人々の生活は深刻なえいきょうを受けた。

田中正造の活やく

書いてみよう　重要語句を正しく書きましょう。

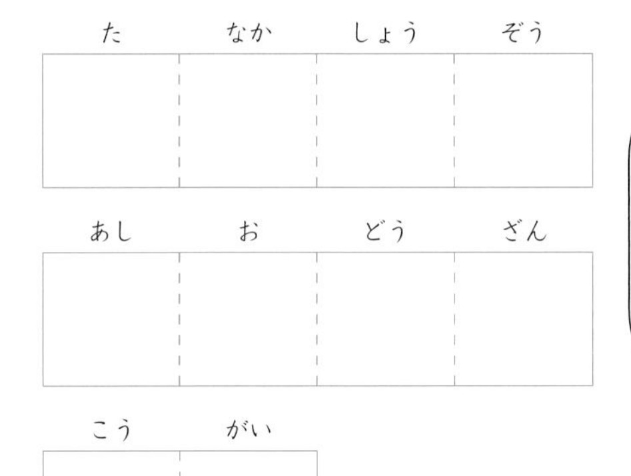

江戸時代から銅の精錬は行われていたのに、明治時代になってから鉱毒が問題になったのは、近代化により大量に銅を精錬するようになったからなんだ。

やってみよう　次の問いに答えましょう。

①足尾銅山は、何県にある銅山ですか。　[　　　　]

②田中正造は、何院の議員になりましたか。　[　　　　]

③足尾銅山の鉱毒事件のように、工場の廃水などによって人々の生活に様々な被害が出ることを、何といいますか。　[　　　　]

この人物が生きた時代

縄文	弥生	古墳	飛鳥	奈良	平安	鎌倉	室町	安土桃山	江戸	明治	大正	昭和	平成

田中正造

月 日	時 分〜 時 分
名前	/50

1 下の地図や写真と文は、足尾銅山の鉱毒事件と田中正造に関するものです。これを見て、あとの問いに答えましょう。

50点(各4、(6)10)

鉱毒の被害地

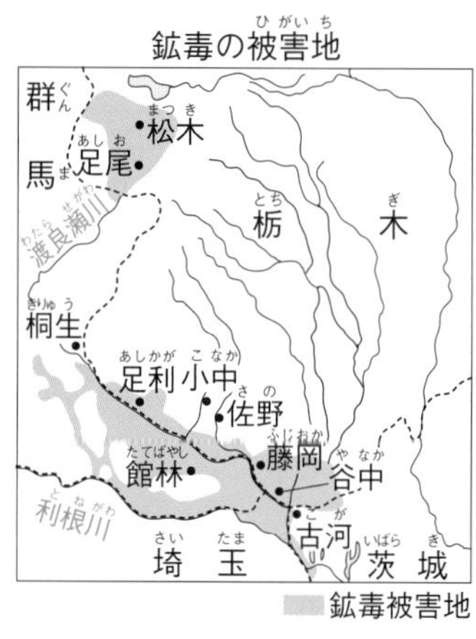

「東京の北40里(約160km)に$_{ア}$銅山がある。近年鉱業が発達すると、毒水と毒くずが$_{イ}$川に入り、下流の$_{ウ}$4県に被害をあたえている。魚は死に田畑はあれ、数十万の人が苦しんでいる。私は国会議員になってから10年間も鉱毒の被害を国会で政府にうったえているが、政府は適切な対策をとってくれたことがない」

(田中正造の訴えの一部要約)

(1) 上の文の下線部アの銅山の名を書きなさい。 [ ]

(2) 上の文の下線部イの川の名を書きなさい。 [ ]

(3) 上の文の下線部ウについて、地図も参考に4県の県名を書きなさい。

[ ][ ][ ][ ]

(4) 鉱毒の被害について書いた次の文の[ ]に、あてはまることばを書きなさい。

● ガスが山の[ア]を枯らし、毒水や毒くずが川に入って、[イ]が死に、田畑の[ウ]を枯らしている。

(5) 田中正造が政府に被害をうったえた事件を、何といいますか。

[ ]

(6) 政府は、被害を受けた人々がうったえに来たのに対し、軍隊や警察を使っておさえつけました。これを見て田中正造は、議員をやめ、何をしましたか。

[ ]

知っ得情報館 「足尾銅山の鉱毒事件で政府の取った対策はなかったの？」

対策はあったのです。それは、谷中村を遊水池として、流れ出た水をここに一時ためておくというものでした。そのために谷中村の農家を強制的に立ちのかせ、谷中村を水中にしずめてしまいました。これは洪水対策だったのです。

平塚らいてうの本名は平塚明。では名前の「らいてう(=「雷鳥」)の名前の由来は？

平塚らいてう

月　日　時　分〜　時　分
名前

人物図鑑　平塚らいてう（1886〜1971）

プロフィール

・明治時代末から昭和時代にかけての女性運動家。

行ったこと

・女性の地位向上をめざす運動を進めた…「もとは、女性は太陽であった。」とうったえた。

・**新婦人協会**を設立した…**普通選挙運動**☆1が盛んになる中、**市川房枝**らと新婦人協会を設立し、婦人参政権運動を進め、女性の政治集会への参加を認めさせた。

☆1 1925年に、25才以上のすべての男子に衆議院議員の選挙権が認められたが、女性の選挙権は認められなかった。

平塚らいてうの活やく

書いてみよう　重要語句を正しく書きましょう。

ひら　つか

いち　かわ　ふさ　え

しん　ふ　じん　きょう　かい

やってみよう　次の問いに答えましょう。

①「もとは、女性は太陽であった。」とうったえたのは、だれですか。　［　　　　］

②上の①と婦人参政権運動を始めたのは、だれですか。　［　　　　］

③上の①と②が設立した団体を、何といいますか。　［　　　　］

この人物が生きた時代

縄文	弥生	古墳	飛鳥	奈良	平安	鎌倉	室町	安土桃山	江戸	明治	大正	昭和	平成

平塚らいてう

月 日	時 分～ 時 分
名前	/50

1 下の史料と写真は、平塚らいてうに関係するものです。これを見て、あとの問いに答えましょう。

50点(各10)

もとは、女性は ① であった。しかし今、女性は ② である。……他の光によってかがやく、病人のような青白い顔の ② である。わたしたちは、かくされてしまったわたしたちの ① を取りもどさなければならない。……わたしの願う真の自由解放とは、女性のもっている能力を十二分に発揮させることである。（一部要約）

新婦人協会での演説

(1) 上の文の ① と ② にあてはまることばを、□から選んで書きなさい。

①[　　　　]
②[　　　　]

月　太陽

(2) 上の写真で演説している人物は、平塚らいてうとともに女性の権利を守ることをうったえ、新婦人協会を設立した人物です。名前を書きなさい。[　　　　]

(3) 国会が開設されたときの選挙権は一定の税金を納めた25才以上の男子だけでしたが、1925年にどうなりましたか。次の文の[ ]にあてはまることばを、□から選んで書きなさい。

●人々の民主主義への意識が高まり、普通選挙を求める運動が広く展開されて、1925年に[ア　　　　]以上の[イ　　　　]が衆議院議員の選挙権をもつことになった。

20才　25才　すべての男子と女子　すべての男子

知っ得情報館　「『青鞜』には、与謝野晶子が詩を寄せている！」

平塚らいてうが女性解放を主張し、女性だけの雑誌として発刊した「青鞜」には、「山の動く日来る。……すべて眠りし女、今ぞ目覚めて動く……」という、与謝野晶子の詩が掲載されていたのです。

「雷鳥」の美しさや気高さにあこがれた。会計検査院次長の父に気がねしてペンネームを使った。

47 まとめのテスト3 明治からの世の中を整理しよう

月　日　目標時間 15 分

名前　　/100

1 右の年表を見て、次の問いに答えなさい。　64点(各4)

(1) 年表中のあ・いの時代名を漢字で書きなさい。

あ[　　　　]時代

い[　　　　]時代

(2) 年表中のア〜クにあてはまる人物を［　］から選び、番号で答えなさい。

ア[　] イ[　]
ウ[　] エ[　]
オ[　] カ[　]
キ[　] ク[　]

①大隈重信　②明治天皇
③板垣退助　④平塚らいてう（ちょう）
⑤西郷隆盛　⑥福沢諭吉
⑦田中正造　⑧与謝野晶子

時代	年	主なできごと
江戸	1867	大政奉還
あ	1868	戊辰戦争が起こる(〜69)
		A五箇条の御誓文をアが神前に誓い発表
	1872	「学問のすゝめ」をイが著す
	1874	国会開設の要望書をウが提出
	1877	エが西南戦争を起こす
		・自由民権運動が盛んになる
	1881	ウが自由党を結成する
	1882	オが立憲改進党を結成する
	1889	B大日本帝国憲法が発布される
	1890	第1回帝国議会が開かれる
	1894	C領事裁判権(治外法権)の廃止に成功する
		日清戦争が起こる(〜95)
	1901	カが足尾鉱毒事件を天皇に直訴を試みる
	1904	日露戦争が起こる(〜05)
		キが「君死にたまふ（う）ことなかれ」を発表
	1911	クが女性解放を主張する文学雑誌を発行
		D関税自主権を回復する
い	1925	普通選挙法が公布される

(3) 次のことがらと関係の深い人物を(2)の［　］から選び、人物名を書きなさい。

①江戸城無血開城[　　　　]　②新婦人協会[　　　　]

(4) 年表中の下線部A〜Dのことがらと関係の深い人物を［　］から選び、人物名を漢字で書きなさい。

小村寿太郎　伊藤博文　東郷平八郎　陸奥宗光　木戸孝允

A[　　　　]　B[　　　　]
C[　　　　]　D[　　　　]

2 次の人物画とその説明を読んで、あとの問いに答えなさい。 21点(各3)

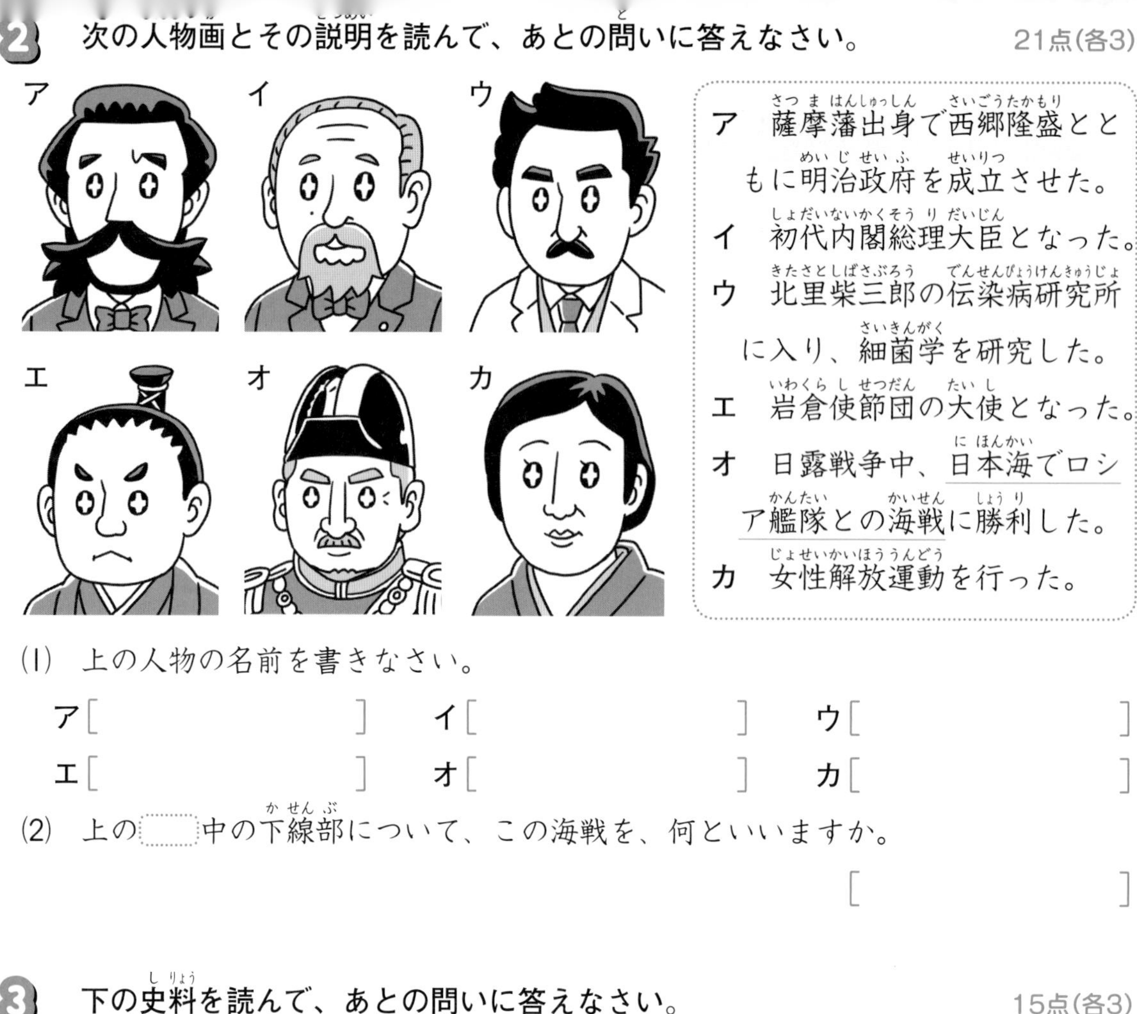

ア　薩摩藩出身で西郷隆盛とともに明治政府を成立させた。
イ　初代内閣総理大臣となった。
ウ　北里柴三郎の伝染病研究所に入り、細菌学を研究した。
エ　岩倉使節団の大使となった。
オ　日露戦争中、日本海でロシア艦隊との海戦に勝利した。
カ　女性解放運動を行った。

(1)　上の人物の名前を書きなさい。

ア[　　　　　　]　イ[　　　　　　]　ウ[　　　　　　]
エ[　　　　　　]　オ[　　　　　　]　カ[　　　　　　]

(2)　上の［　　］中の下線部について、この海戦を、何といいますか。

[　　　　　　]

3 下の史料を読んで、あとの問いに答えなさい。 15点(各3)

A　第1条　大日本帝国は、永久に続く同じ家系の（ ア ）が治める。
第4条　（ア）は国の元首であり、国や国民を治める権限をもつ。

B　今の政府は、薩摩と長州の一部の者がにぎっている。国民の声を聞く（ イ ）を開くべきである。

(1)　左の史料のア・イにあてはまることばを［　　］から選んで書きなさい。

ア[　　　　　　]
イ[　　　　　　]

議会　　内閣　　天皇

(2)　Aは、何の一部ですか。[　]から選んで○で囲みなさい。

[五箇条の御誓文　　大日本帝国憲法]

(3)　Bは、国会開設の要望書です。だれが出しましたか。 [　　　　　　]

(4)　(3)の人が中心となって指導した運動を、何といいますか。 [　　　　　　]

48 しあげのテスト

月　日　目標時間 15分

名前　　/100

1 右の年表を見て、次の問いに答えなさい。　54点（各2、(3)(4)(5)各3）

(1) 年表中の①～⑤の時代名を書きなさい。

①[　　　　]時代
②[　　　　]時代
③[　　　　]時代
④[　　　　]時代
⑤[　　　　]時代

(2) 年表中のア～コにあてはまる人物名を□から選び、番号で答えなさい。

ア[　　]　イ[　　]
ウ[　　]　エ[　　]
オ[　　]　カ[　　]
キ[　　]　ク[　　]
ケ[　　]　コ[　　]

①西郷隆盛　②徳川家康
③板垣退助　④源頼朝
⑤聖徳太子　⑥徳川慶喜
⑦藤原道長　⑧織田信長
⑨豊臣秀吉　⑩徳川家光

時代	年	主なできごと
縄文・弥生		かりや漁のくらし（約1万年間続く）
古墳		
飛鳥	607	アが小野妹子をA中国へ派遣する
①	710	あに都を定める
	753	鑑真がB中国から日本に来る
	794	いに都を定める
②	1016	イが摂政になる。「もち月の歌」をよむ
鎌倉	1192	ウが征夷大将軍となる
	1274・1281	C中国が2度せめてくる
③	1338	足利尊氏が征夷大将軍となり、幕府を開く
	1467	将軍のあとつぎ問題からうが起こる
	1573	エが幕府をほろぼす
安土桃山	1590	オが全国を統一する
④	1603	カが征夷大将軍となり、幕府を開く
	1635	3代将軍キが参勤交代の制度を定める
	1867	クが政権を朝廷に返す
⑤	1868	五箇条の御誓文を発表する
	1874	ケが国会開設の要望書を政府に出す
	1877	コが西南戦争に敗れる
	1890	第1回えが開かれる
	1894	D中国との戦争が起こる
	1911	関税自主権を回復する
大正		

(3) 年表中のあ・いの都の名前を書きなさい。

あ[　　　　]　い[　　　　]

(4) 年表中のう・えにあてはまる語句を書きなさい。

う[　　　　]　え[　　　　]

(5) 年表中の下線部A～Dの中国について、それぞれ当時の国名を書きなさい。

A[　　　]　B[　　　]　C[　　　]　D[　　　]

2 次の人物画とその説明を読んで、あとの問いに答えなさい。 36点(各3)

ア　大仏づくりに協力した僧。
イ　今日でも世界じゅうで読まれている「源氏物語」を著した。
ウ　歌舞伎・人形浄瑠璃の脚本家。
エ　「君死にたまふことなかれ」の詩を発表した。
オ　能・狂言を保護し、京都の北山に金閣を建てた。
カ　56才から72才まで日本全国を測量して、日本全図をつくった。

(1) 上の人物の名前を書きなさい。

ア[　　　] イ[　　　] ウ[　　　]
エ[　　　] オ[　　　] カ[　　　]

(2) 上の人物が活やくした時代を書きなさい。

ア[　　　] イ[　　　] ウ[　　　]
エ[　　　] オ[　　　] カ[　　　]

3 右の人物関係図を見て、あとの問いに答えなさい。 10点(各2)

(1) Ⓐ・Ⓑにあてはまる藩名を書きなさい。

Ⓐ[　　　]藩
Ⓑ[　　　]藩

(2) 板垣退助・大隈重信らが主張した、国会開設を求めた運動を、何といいますか。

[　　　]運動

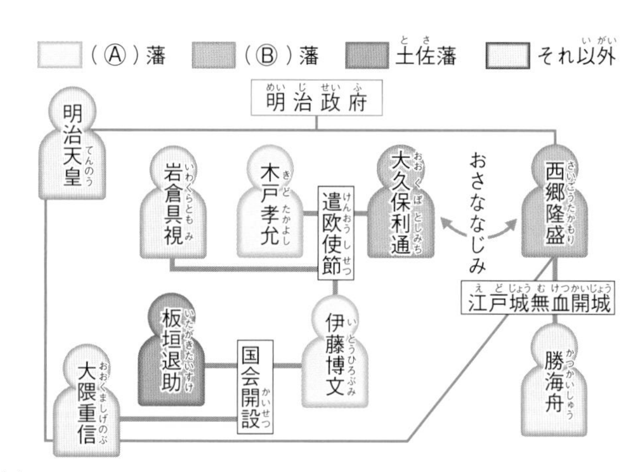

(3) 次の人物を上の関係図の中から選んで書きなさい。

① 五箇条の御誓文を作成した。 [　　　]
② 大日本帝国憲法の作成にあたった。 [　　　]

1 卑弥呼

p.3 ✎卑弥呼　金印　邪馬台国　親魏倭王
☝①30(ほど)　②魏　③「魏志倭人伝」

p.4 ❶(1)①３世紀　②弥生時代
(2)卑弥呼　(3)邪馬台国
(4)倭　(5)せめてくる
(6)魏
(7)「魏志倭人伝」

考え方　(1)①世紀は、西暦の100年間を１世紀として表し、１年から100年までが１世紀、201年から300年までが３世紀です。
(6)(7)魏は中国の古い時代にあった国(220〜265年)で、その魏の歴史書を「魏志」といいます。そこに当時交流のあった日本(倭)のことが書かれていて、邪馬台国や卑弥呼のことも記されていました。この倭のことが書かれていた部分のことを「倭人伝」といいます。

2 聖徳太子と小野妹子

p.5 ✎聖徳太子　隋　小野妹子
冠位十二階　☝①十七条の憲法　②法隆寺
③遣隋使

p.6 ❶(1)聖徳太子
(2)十七条の憲法
(3)役人の心得
(4)①摂政　②法隆寺　③冠位十二階
④遣隋使
(5)小野妹子

考え方　十七条の憲法は、憲法といっても現在の国の基本法とちがい、政治にあたる役人の心得を示したものです。第１条「人の和を大切にせよ」は、争ったり反抗したりしてはならないことをさとしています。さらに、第３条では、天皇の命令には必ず従いなさいとしています。聖徳太子の進める天皇中心の国づくりの方針を役人に示した法なのです。
(4)①聖徳太子は、おばの推古天皇の摂政になりました。
④このころの中国は隋の時代でした。聖徳太子は、隋の進んだ文化や政治制度をとり入れようと、遣隋使を送りました。

3 中大兄皇子と中臣鎌足

p.7 ✎中大兄皇子　中臣鎌足　蘇我氏
貴族　☝①天智天皇　②藤原　③大化の改新

p.8 ❶(1)蘇我氏
(2)①中大兄皇子　②藤原氏　③大化の改新
(3)①豪族　②国
(4)貴族
(5)①－イ
②－ア
③－ウ

考え方　大化の改新は、聖徳太子によって遣隋使として中国へ送られ、帰国した留学生や留学僧が協力しています。このころ中国では、隋がほろんで唐がおこり、法律による強力な国の体制がつくられ栄えていました。大化の改新はこの唐の政治制度に学んで、天皇を中心とした国づくりが進められました。戸籍や税制は唐に学んだ制度です。
(2)②中臣鎌足は、その功績により、死の直前に藤原の姓を授かりました。

4 聖武天皇

p.9 ✎聖武天皇　平城京　東大寺　遣唐使
☝①奈良時代　②仏教　③大仏　④正倉院

p.10 ❶(1)平城京
(2)奈良県

(3)①山背　②国分寺

(4)①唐　②遣唐使　③正倉院

考え方　聖武天皇は、「天下の富をもつ者はわたしである。天下の勢いをもつ者もわたしである」と言うほど、大変強い力をもっていました。この富と力で、国分寺をつくったり、大仏をつくったりすることができたといえます。正倉院には、遣唐使がもち帰った道具や楽器などが納められています。

(4)③これらの宝物は、シルクロードを通って西アジアやインドから伝わったものもあります。

5 行基

p.11　行基　渡来人　菩薩　大仏

①奈良時代

②(例)道や橋、池や水路などをつくる工事を指導した。

③聖武天皇

p.12　❶(1)①一般の人々　②貴族

(2)①橋・道・池などをつくる　②菩薩

(3)①260万人(以上)　②銅　③渡来人

考え方　行基が仏教の教えを広めた一般の人々というのは、農民のことです。行基は貧しく苦しい生活をおくっている農民を救いたいと考えて、布教や社会事業を行ったのです。当時は、一般の人々に仏教を布教することは禁止されていたのですが、人々にしたわれている行基を朝廷はばっすることができませんでした。聖武天皇も行基の力を認め、大仏づくりに行基の力を借りたかったのです。行基は、弟子とともに全国をまわって、大仏づくりに必要な多くの物資や、働く人を集めるのにたいへんな働きをしました。

(3)②絵を見ると、銅499トン、金440kg、水銀2.5トン、すず8.5トンと銅がもっとも多いことがわかります。

6 鑑真

p.13　鑑真　唐の名僧　仏教　唐招提寺

①中国(唐)　②聖武天皇

③(例)正式な仏教を広めたい。

p.14　❶(1)①唐　②長安　③遣唐使

(2)鑑真

(3)①(例)日本に正式な仏教を広めるため。

②6回目

(4)①できていた。　②東大寺　③唐招提寺

④(例)建築や薬学の知識

考え方　日本に仏教が伝えられたのが古墳時代の538年ですから、奈良時代はそれから200年ほどたっていました。その間に仏教は貴族の間に広まり、僧も多くなりましたが、日本にはまだ、仏教の教えを正しく伝えるすぐれた僧がいませんでした。鑑真は、苦難を乗りこえて来日し、僧として守るべき決まり(戒律)を伝え、僧になる資格をあたえるための戒律を授ける制度を整えました(僧の資格の認定制度)。また、鑑真は、仏教のほかに建築や薬学の知識にもすぐれていました。

(4)①大仏は、752年に完成しました。

7 藤原道長

p.15　藤原道長　藤原頼通　荘園　平等院鳳凰堂

①(例)むすめを天皇のきさきにした。

②摂関政治　③寝殿造

p.16　❶(1)平安時代　(2)平安京

(3)①アむすめ　イきさき　②太政大臣

③わが世

(4)藤原頼通　(5)荘園

考え方　平安時代になって、朝廷の政治は有力貴族が動かすようになりました。貴族の中で藤原氏がいちばん力をもち、道長・頼通のころが摂関政治の全盛期だといえます。藤原氏は、天皇との関係を深めて政治の実権をにぎり、全国の土地(荘園)の多くを手に入れて、ばく大な富を得、経済の面でも力をもちました。この権力と富の力を得て、道長は、わが

世を「もち月（満月）の歌」によんだのです。

(1)(2)平安京に都があった時代を、平安時代といいます。

8 紫式部と清少納言

p.17 紫式部　源氏物語　清少納言　枕草子　①紫式部　②「枕草子」　③かな文字

p.18 ❶(1)国風文化
(2)寝殿造
(3)①漢字　②女性
(4)①「源氏物語」　②清少納言
(5)十二単

考え方 二人が活やくしたのは平安時代の中ごろです。このころは、遣唐使が停止されてから100年ほどたったころで、大陸文化からはなれた、国風文化が栄えていました。その中で、かな文字の成立は、日本人の感情を自由に表現できるようになったということで、文化の発展に大きなえいきょうをあたえました。かな文字は初め女性に使われ、「源氏物語」など現代に伝えられる、すぐれた文学作品が生まれたのです。

(3)①ひらがなは漢字をくずしてつくられ、カタカナは漢字の一部を取ってつくられました。

9 平清盛

p.19 平清盛　平治の乱　太政大臣　日宋貿易　①源氏（と）平氏　②平清盛　③厳島神社

p.20 ❶(1)①貴族　②源氏　平氏　（順不同）　③平治の乱
(2)①平清盛　②太政大臣　③天皇
(3)日宋貿易

考え方 朝廷や貴族に仕える武士の中でも、天皇家を先祖とする源氏と平氏が力を強め、この二氏による争いが起こるようになりました。この中で起こった平治の乱に勝利した平清盛は、朝廷での実権を貴族からうばって、藤原氏にかわる平氏政権をつくったのです。朝廷の官職を平氏一族が占め、清盛はむすめを天皇のきさきとし、その生まれた皇子を天皇とするなど、横暴なものでした。これが、このあとに起こる、平氏をたおせという動きにつながっていくのです。

10 まとめのテスト1

p.21 ❶(1)あ弥生（時代）　い飛鳥（時代）　う平安（時代）
(2)ア⑤　イ②　ウ④　エ⑥　オ③　カ⑧　キ①　ク⑦
(3)2（人）
(4)①聖武天皇　②平清盛　③聖徳太子　④卑弥呼
(5)①隋　②唐　③宋

p.22 ❷(1)ア小野妹子　イ平清盛　ウ鑑真　エ藤原道長　オ清少納言　カ行基
(2)東大寺

❸(1)平安京　(2)寝殿造　(3)大化の改新
(4)藤原頼通
(5)源（氏）　平（氏）　（順不同）

考え方 ❶では、縄文時代～平安時代までの時代順をしっかり覚え、どの人物がどの時代に活やくしたのかを整理しておきましょう。

(3)の女性は卑弥呼と紫式部です。

(5)聖徳太子は遣隋使、聖武天皇は遣唐使を中国に送りました。また、平清盛は中国と日宋貿易を行いました。

❷では、その人物がどんな活やくをした人なのかを整理して覚えましょう。

(2)東大寺は、国ごとの国分寺の中心となる寺でもあります。

❸の(3)は、大化の改新です。全体的に平安時代のできごとですが、これは飛鳥時代のことです。まちがえないよう注意しましょう。

(4)藤原頼通は、藤原道長の長男で、この二人のころが藤原氏の摂関政治の最盛期でした。

11 源義経

p.23 ✏源義経　源氏　奥州藤原氏　屋島
壇ノ浦　☝①平泉
②(例)騎馬による戦い方(騎馬戦)
③壇ノ浦の戦い

p.24 ❶(1)平泉
(2)関東や東北地方
(3)一ノ谷の戦い
(4)壇ノ浦の戦い
(5)(例)ほろんだ
(6)朝廷

考え方 源義経については、平泉で挙兵するまでは、平氏にかくれての生活だったので、わからないところが多くありますが、騎馬戦にすぐれていたこと、頼朝とは兄弟といっても、交流がなかったこと、貴族政治から武家政治に転換させるという頼朝の考えをつかめていなかったことなどをおさえておきましょう。
(3)(4)地図を見ると、源氏が平氏を西へ西へと追いつめていくようすがわかります。

12 源頼朝

p.25 ✏源頼朝　鎌倉幕府　征夷大将軍
☝①征夷大将軍　②鎌倉幕府
③ご恩(と)奉公　④守護

p.26 ❶(1)征夷大将軍
(2)①Ⓐあ領地　Ⓑ鎌倉
②(ご恩)イ・Ⓐ　(奉公)ア・Ⓑ
(3)鎌倉街道
(4)北条政子(頼朝の妻の政子)

考え方 源頼朝は、源氏のかしらとして、東国の武士を従えて平氏をたおし、全国に守護・地頭を置いて、支配の基礎を固めるとともに、朝廷のえいきょう力のおよばない鎌倉を拠点とし、ここに鎌倉幕府を開いて、貴族政治から武家政治への転換を行いました。それとともにご恩と奉公という主従関係をつくって、武士社会のしくみを確立しました。
(3)鎌倉街道は、武士たちが、鎌倉と自分の領地を行き来した道のなごりです。

13 北条時宗

p.27 ✏北条時宗　執権　元寇　石塁　防塁
☝①執権　②元　③(例)退けた　④元寇

p.28 ❶(1)執権
(2)ア武士(御家人)　イ石塁(防塁)
(3)元寇
(4)集団戦術
(5)①Ⓑ
②記号…㋑　武器…火薬兵器(てつはう)
(6)暴風雨

考え方 鎌倉幕府ができて90年余りたったとき、元寇がありました。北条時宗は18才で執権となりましたが、このとき、モンゴルが日本を従えようとする要求を持った使いが来ました。時宗は、この要求をはねつけるとともに、御家人(武士)を九州へ送ったり、石塁(防塁)を築かせたりして、元寇を戦いぬきました。しかし、相手が外国だったので、武士たちにほうびとしての領地をあたえることができず、武士たちは戦いのための費用の負担が大きかったため、幕府に不満をもつようになりました。

14 足利義満

p.29 ✏足利義満　室町幕府　金閣　勘合
☝①足利尊氏　②北山文化
③勘合貿易(日明貿易)
④勘合

p.30 ❶(1)足利尊氏
(2)室町幕府
(3)花の御所
(4)ア北朝　イ南朝
(5)守護大名
(6)金閣
(7)北山文化
(8)①明　②勘合貿易(日明貿易)

考え方 足利義満は、3代将軍として、守護大名をおさえて幕府の体制を固め、南北朝統一を実現させて朝廷(貴族)を支配し、勘合貿易でばく大な利益を得て、政治的にも経済的にも日本最高の実力者となりました。

(8)②日明貿易は、勘合という合い札を用いて行ったので、勘合貿易ともいいます。

15 足利義政

p.31 足利義政 応仁の乱 銀閣 書院造

①応仁の乱 ②銀閣 ③書院造

p.32 ❶(1)応仁の乱

(2)戦国時代

(3)①東山 ②銀閣 ③書院造

④アたたみ イ床の間 ウふすま

(4)東山文化

考え方 室町幕府が開かれてから100年余りたったころ、足利義政は将軍になりました。全盛期を築いた義満の時代から50年ほどたっており、幕府の力は弱まっていました。幕府の政治は、幕府内の重い役についていた有力守護大名によって行われており、その守護大名の勢力争いに将軍あとつぎ問題がからんで起こったのが応仁の乱です。このあと戦乱の世(戦国時代)へと向かうことになります。

16 雪舟

p.33 雪舟 水墨画 茶の湯 生け花

①室町時代 ②明 ③(例)自然の風景

p.34 ❶(1)すみ絵(水墨画)

(2)(例)自然の風景

(3)天橋立

(4)①アすみ イ風景

②ア日本風 イ芸術

考え方 雪舟は、東山文化が栄えた時代の人物です。このころは、中国(明)から伝えられた禅宗や中国の文化のえいきょうを受けていました。すみ絵(水墨画)も中国から伝えられました。雪舟は、この中国文化を学び取ったうえに、日本の自然の美しさをそこに表現しました。

東山文化では、茶の湯や生け花など、日本風の芸術文化も発展しました。

17 フランシスコ＝ザビエル

p.35 宣教師 鹿児島 布教 鉄砲 南蛮貿易 ①キリスト教 ②種子島 ③鉄砲

p.36 ❶(1)あスペイン いキリスト

(2)①マラッカ(マレーシア) ②鹿児島

(3)①種子島 ②鉄砲

(4)南蛮 (5)南蛮貿易

(6)銀 漆器

考え方 ザビエルが日本に来たのは16世紀中ごろです。15世紀から16世紀にかけては、ヨーロッパから多くの人々が世界各地に出かけ、日本にもやって来ました。当時ヨーロッパではポルトガル・スペインが強国でした。当時の日本人はポルトガルやスペインの人々を南蛮人と呼び、その貿易を南蛮貿易といいました。南蛮貿易がさかんになるにつれ、たくさんの品物や文化が日本にもたらされました。

(6)ヨーロッパから来た商人たちは、鉄砲や火薬などをもたらし、日本からは金、銀、漆器などを持ち帰りました。

18 織田信長

p.37 織田信長 桶狭間 長篠 安土城

①桶狭間の戦い ②長篠の戦い ③楽市・楽座

p.38 ❶(1)今川義元 (2)室町幕府

(3)①長篠 ②鉄砲 ③馬(騎馬隊) ④左

(4)安土城 (5)楽市・楽座

(6)①明智光秀 ②本能寺

考え方 織田信長が活やくしたのは、室町時代末の戦国時代です。全国の戦国大名が勢力争いをし、大大名が天下統一をめざしていました。こうした世の中で、小大名だった織田信長は、鉄砲を大量に使う集団戦をくふうし、天下統一を進めました。

(3)絵の向かって左側が信長の鉄砲隊で、右側が武田氏の騎馬隊です。

19 豊臣秀吉

p.39 豊臣秀吉　検地　刀狩　大阪城
①織田信長　②関白　③検地　④刀狩

p.40 ❶(1)織田信長
(2)明智光秀
(3)①大阪城　②石山本願寺
(4)①検地　②㋐㋑㋓(順不同)　③刀狩令
④武器(刀、弓、やり、鉄砲)
⑤あ武士　い百姓

考え方 豊臣秀吉が活やくした戦国の世は、下剋上といって、身分に関係なく実力のある者がのし上がっていける世の中でした。秀吉は、こうした戦国の世を終わらせるとともに、武士の治める世の中のしくみを整えていきました。身分をはっきりさせ、武士と町人を城下町に住まわせ、百姓は、農・山・漁村でそれぞれの仕事に専念するようにしました。

20 徳川家康

p.41 徳川家康　江戸幕府　武家諸法度
①関ヶ原の戦い　②江戸幕府
③親藩　譜代大名　外様大名(順不同)

p.42 ❶(1)①桶狭間の戦い　②織田信長
(2)長篠の戦い
(3)江戸(城)
(4)関ヶ原の戦い
(5)ア征夷大将軍　イ(江戸)幕府
(6)①親藩
②(以前)譜代大名　(以後)外様大名

考え方 徳川家康は、260年余り続く江戸幕府を開き、大名の配置に気を配り、武家や公家などのおきてを定めて、幕府の基礎を築きました。家康にとっては、諸大名は、天下を取るために、いっしょに戦ってくれた仲間です。したがって、関ヶ原の戦いを境として大名を区分したのです。
(4)家康方と、秀吉の家来だった石田三成方に分かれて日本中の大名が戦ったのが、関ヶ原の戦いです。
(6)地図を見ると、江戸からはなれた東北・中国・九州などに外様大名を置いています。江戸をかんたんにせめられないようにする目的で配置されました。

21 徳川家光

p.43 徳川家光　参勤交代　絵踏み　出島
①島原・天草一揆　②絵踏み　③鎖国

p.44 ❶(1)①大名　②江戸　③参勤交代
(2)島原・天草一揆
(3)天草四郎
(4)キリスト教
(5)ア絵踏み　(踏まれるもの)(例)キリストの像
(6)出島
(7)オランダ　中国(清)(順不同)

考え方 徳川家光は、「生まれながらの将軍」で、祖父(家康)と父(秀忠)が打ち立てた幕府の基礎を整えました。将軍として上に立って幕府の政治を行う体制を整え、幕府(将軍)と藩(大名)の支配体制を参勤交代で確立しました。さらに鎖国をして、外国からのえいきょうをなくし、幕府が直接治めた長崎だけで貿易をして、その利益を独占しました。
(5)キリスト教信者は、キリストやマリアの像を踏むことができないので、この像を踏ませることによって、キリスト教の信者を発見しました。
(6)平戸にあったオランダ商館を、長崎の港につくった出島に移しました。

22 近松門左衛門

p.45 近松門左衛門　歌舞伎　人形浄瑠璃
①元禄文化
②歌舞伎　人形浄瑠璃(順不同)

p.46 ❶(1)ア江戸　イ大阪　ウ京都
(2)元禄文化
(3)町人
(4)芝居小屋
(5)①歌舞伎　②人形浄瑠璃
③(例)いきいきとえがいた。

考え方 17世紀後半から18世紀の初め、人々の生活も安定し、上方(大阪・京都)を中心に元禄文化といわれる町人文化が栄えていました。近松門左衛門は、この時代の身分制度や道徳の中で、苦しみながら生きている人々を愛情をもって歌舞伎や人形浄瑠璃の脚本にえがきました。近松の脚本は、歌舞伎の人気俳優だった坂田藤十郎や人形浄瑠璃の竹本義太夫らによって、人々の間に広まっていきました。

23 歌川広重

p.47 歌川広重　浮世絵　東海道五十三次
①化政文化　②風景画　③錦絵

p.48 ❶(1)浮世絵
(2)ア構図　イ色
(3)錦絵
(4)ア江戸　イ町人
(5)葛飾北斎

考え方 化政文化が栄えたころは交通の便が発達し、人々は旅行を楽しむようになりました。歌川広重が東海道を旅行してえがいた「東海道五十三次」は大胆な構図と色の美しさで、人々の人気を集めました。この時代は印刷技術も向上し、多色刷りの浮世絵(錦絵)が出され、さらに人々の人気を集めました。広重の絵は世界の絵画にもえいきょうをあたえました。

24 本居宣長

p.49 本居宣長　国学　万葉集　古事記
①江戸時代　②国学　③「古事記伝」

p.50 ❶(1)国学
(2)賀茂真淵
(3)「古事記」
(4)「古事記伝」
(5)「万葉集」
(6)源氏物語

考え方 本居宣長は、儒教や仏教などの外国からの考え方にえいきょうされる前の日本人の考え方を求める国学の研究をしました。国学の大家賀茂真淵に出会い、「古事記」の研究を始め、「源氏物語」や「万葉集」も研究しました。宣長の考えは、天皇を尊び、外国を打ち払うという尊王攘夷の考えに受け継がれ、幕末の人々に大きなえいきょうをあたえました。

25 杉田玄白

p.51 杉田玄白　蘭学　解体新書
蘭学事始
①オランダ語　②前野良沢
③「蘭学事始」

p.52 ❶(1)蘭学
(2)あ洋書　いオランダ語　う辞書
えターヘル・アナトミア
(3)ア解体新書　イ蘭学事始
(4)Ⓐ

考え方 杉田玄白が生まれたころ、幕府が外国の書物の輸入を認めたので、蘭学を学ぶ人々が増えました。玄白は、「ターヘル・アナトミア」というオランダ語の医学書を手に入れ、前野良沢らとほん訳を完成し、「解体新書」と名づけて出版しました。この本は、これまでの医学のあやまりを正すとともに、蘭学の発展に大きなえいきょうをあたえました。玄白の評判は高くなり、多くの弟子たちが集まり、日本の医学の発展に貢献しました。

26 伊能忠敬

p.53 伊能忠敬　測量術　日本全図
①天文学・測量術(順不同)
②50才　③日本全図

p.54 ❶(1)北海道
(2)(例)外国の軍艦がしきりに現れていた。
(3)(例)正確な日本地図
(4)(例)全国の測量、または、日本地図の作成
(5)①測量　②歩いた

考え方 伊能忠敬が活やくした時代は、あらゆる学問で、西洋の近代科学の成長が見られるようになった時代です。忠敬は、当時最も進んでいた西洋の天文学を学び、測量に出かけると、毎晩、星の観察をして、位置をはっきりさせるなど、正確な地図をつくるための努

力を続けました。忠敬は測量ができなかった所は、地図上に「不測量」と書くなど、科学的な態度で事実を大事にしました。

忠敬の地図には緯度と経度が引かれ、日本の国土の姿が初めて地球上に位置付けられました。

27 ペリー

p.55 黒船　浦賀　下田　函館
日米和親条約　①アメリカ合衆国　②浦賀
③日米和親条約　④日米修好通商条約

p.56 ❶(1)アアメリカ　イ1852　ウ大西洋
エ琉球　オ浦賀　カ7
(2)黒船(蒸気船)
(3)開国
(4)日米和親条約

考え方 アメリカ(合衆国)はこのころ、中国との貿易船や捕鯨船の燃料や水を補給する中継港がほしいと考えていました。アメリカの大統領は日本に開国を求め、東インド艦隊司令長官のペリーを派遣しました。ペリーは2度めの来航のとき、江戸湾深く進入し、開国をせまりました。幕府は、日米和親条約を結び、下田と函館の2港を開港し、続いて、ロシア・イギリス・オランダとも同じような条約を結びました。ここに鎖国体制はついに終わり、日本は開国したのです。ペリーの来航は幕末の日本をゆるがす大事件でした。
(1)エ琉球王国は現在の沖縄県です。
(2)船を黒くぬっていたので、黒船と呼ばれました。

28 坂本龍馬

p.57 坂本龍馬　土佐藩　海援隊
薩長同盟　①土佐藩　②薩長同盟
③薩摩藩…西郷隆盛　長州藩…木戸孝允

p.58 ❶(1)(例)外国を打ち払おうという考え。
(2)勝海舟
(3)(例)開国が正しいという考え。
(4)薩摩藩　長州藩(順不同)
(5)天皇中心の政権　議会をつくる
憲法を定める(順不同)
(6)海援隊

考え方 坂本龍馬は勝海舟に会い、開国の考えをもつようになりました。龍馬は薩摩と長州の両藩が手を結ぶと、政治を変える大きな力になると思い、薩摩藩の西郷隆盛や長州藩の木戸孝允たちに働きかけました。薩長同盟の成立後、幕府の力は弱くなっていきました。龍馬は「船中八策」にあるような、近代国家をめざしていましたが、新しい政府ができる直前に暗殺されました。

29 徳川慶喜

p.59 徳川慶喜　大政奉還　戊辰戦争
①大政奉還　②江戸幕府　③戊辰戦争

p.60 ❶(1)15
(2)大政奉還
(3)二条城
(4)徳川慶喜
(5)1867(年)
(6)260(年)

考え方 江戸幕府の15代将軍となった徳川慶喜は、幕府を立て直すための努力を続けました。薩摩藩や長州藩の倒幕運動に対して、政権を朝廷に返す大政奉還を行い、将軍の座をおりました。慶喜は朝廷を中心にしながら徳川氏が政治を動かしていこうと思っていました。しかし、薩摩・長州藩は、朝廷を動かして、天皇の政治にもどすことを宣言し、慶喜に官職や領地を返上するよう命じました。これを不満とした旧幕府軍は、1868年1月、鳥羽・伏見(京都府南部)で新政府軍と戦争を起こしました。この戦いに敗れた慶喜は、江戸城を明けわたしました。
(6)江戸幕府は1603年に開かれてから大政奉還を行った1867年まで260年余り続きました。

30 勝海舟

p.61 ✎勝海舟　咸臨丸　江戸城無血開城
☞①坂本龍馬　②海軍操練所　③戊辰戦争
④西郷隆盛

p.62 ❶(1)アペリー　イ西郷隆盛
(2)ア
(3)航海術や砲術
(4)咸臨丸
(5)(江戸城の)無血開城

考え方 咸臨丸でアメリカにわたり、アメリカの政治や人々の生活のようすを見てきた勝海舟は、話し合いによる政治を考えるようになり、徳川慶喜を助けました。
海舟は、坂本龍馬、西郷隆盛など、幕府の反対勢力の人達とも交流がありました。鳥羽・伏見の戦いで旧幕府軍が負けたのち、江戸を戦火から守りました。

31 まとめのテスト2

p.63 ❶(1)あ室町(時代)　い江戸(時代)
(2)ア⑦　イ③　ウ⑧　エ②　オ⑤　カ⑥
キ①　ク④
(3)ア④　イ⑥　ウ⑦　エ②　オ①　カ⑤
(4)A出島　B日米和親条約
(5)江戸(幕府)

p.64 ❷(1)ア歌川広重　イ足利義政
ウ雪舟　エ徳川家光　オ伊能忠敬
カ北条時宗
❸(1)江戸(幕府)
(2)仏教の禁止
(3)浮世絵　歌舞伎(順不同)
(4)①国学　②本居宣長
(5)蘭学

考え方 ❶では、鎌倉幕府の成立から、江戸幕府の終わりまでの武士の世の中全体についてまとめています。それぞれの時代の特徴と、その時代に活やくした人物とを結びつけて理解するようにしましょう。
(5)鎌倉幕府は1185年から1333年まで約150年、室町幕府は1338年から1573年まで約235年、江戸幕府は1603年から1867年まで約265年続きました。
❷では、それぞれの人物がどんな活やくをしたのかを整理して覚えましょう。
❸は、江戸時代についての問題です。260年余り続いた江戸時代は、成立したころ、繁栄したころ、変転したころ、幕末というように、区分をつけながら整理しましょう。
(3)すみ絵や茶の湯は室町文化です。

32 西郷隆盛

p.65 ✎西郷隆盛　薩長同盟　西南戦争
☞①鹿児島県　②江戸幕府　③西南戦争

p.66 ❶(1)ア鹿児島(県)　イ山口(県)
(2)あ天皇　い外国
(3)薩長同盟
(4)勝海舟
(5)西南戦争
(6)徴兵令

考え方 幕末、世情がゆれ動く中で、薩摩藩主島津斉彬に認められ、活やくしたのが西郷隆盛です。下級武士の出身という隆盛は、明治政府の中でも、困窮する士族のことを考え、文明開化の中で浮かれ、華美に流れる上流役人の生活をきらっていました。そんな隆盛の生き方は、西南戦争の中にうかがうことができます。

33 大久保利通

p.67 ✎大久保利通　廃藩置県　地租改正
☞①薩摩藩　②版籍奉還　③富国強兵

p.68 ❶(1)薩摩藩
(2)木戸孝允
(3)①ア版籍奉還　イ廃藩置県
②ア3%　イ地租改正
③ア官営工場　イ殖産興業

考え方 大久保利通は、西郷隆盛とおさななじみでした。幕府をたおすまでは、同じ目標に向かって進みましたが、新政府成立後は、それぞれ異なった動きになり、大久保は、近代国家としての基礎づくりに、富国強兵を主張して進みました。そして、最後は、西南戦争で西郷と対決することになりましたが、政府軍の司令官になったのは、西郷を救いたかったからともいわれています。

34 木戸孝允

p.69 ✎木戸孝允　長州藩　五箇条の御誓文
☝①山口県　②薩長同盟　③五箇条の御誓文

p.70 ❶(1)山口県
(2)坂本龍馬
(3)五箇条の御誓文
(4)明治天皇
(5)あ会議　い世界

考え方 西郷隆盛・大久保利通・木戸孝允を維新の三傑といいます。その中でいちばん若い木戸は、西郷的な面と、大久保的な面の両方をもち合わせていました。幕府をたおすまでは西郷との結びつきが強く、新政府では、大久保と深く結びついていました。特に吉田松陰の元で学んだ近代国家建設への理論的な面が、五箇条の御誓文の作成に現れています。
(5)五箇条の御誓文は、世論の尊重や先進国の文化の吸収などが示されていました。

35 岩倉具視

p.71 ✎岩倉具視　公家　岩倉使節団
☝①公家　②1871年
③(例)不平等条約の改正

p.72 ❶(1)明治天皇
(2)ア日米修好通商条約　イ領事裁判権
ウ関税自主権
(3)岩倉使節団
(4)(例)しなかった。
(5)津田梅子

考え方 岩倉具視は、幕末、明治維新という時期を、公家として朝廷に仕えました。幕末は、尊王攘夷、倒幕など、天皇を味方につけようとする動きが盛んでした。天皇家と幕府(将軍)を結びつけるのか、天皇をいただいて幕府をたおそうとするのか、全国の有力な藩を中心に争いまで起こっていました。このような中で、朝廷にいた岩倉具視は、初め天皇家と幕府を結びつける考えをもっていましたが、のち薩摩・長州藩などの幕府をたおして天皇を中心とした政府をつくろうとする運動に同調するようになって、朝廷内で活動したのです。

36 明治天皇

p.73 ✎明治天皇　大政奉還　元号　東京
☝①五箇条の御誓文　②東京　③1889年

p.74 ❶(1)京都
(2)大政奉還
(3)東京
(4)①木戸孝允　②神
(5)①天皇　②国民　③天皇

考え方 幕府をたおした薩長は、若い明治天皇を中心とする新政府をつくりました。明治天皇は、この新政府に支えられ、その方針である天皇中心の近代国家の建設を進めました。そして、天皇主権の憲法を発布した後は、この天皇の絶対的な力によって、政治は進められ、国際社会にも進出しました。

37 福沢諭吉

p.75 ✎福沢諭吉　文明開化　学制
☝①「学問のすゝめ」　②文明開化　③小学校

p.76 ❶(1)ア学制　イ6才
ウ小学校
(2)学問のすゝめ
(3)①平等　②(例)日本の独立
(4)文明開化

考え方 福沢諭吉は、幕末に下級武士の家に生まれ、武士の世の中での差別を身にしみて感じていました。この思いは、3回もヨーロッパやアメリカに行って、いっそうつのりました。幕末から塾を開いて教育にたずさわっていた諭吉は、教育によって、欧米に追いつこうと考え、学校をつくり、欧米の近代思想を紹介した書物を著しました。

38 板垣退助

p.77 板垣退助　自由民権運動　国会開設

①自由民権運動
②(例)国会を開くこと。
③自由党

p.78 **1** (1)ア 薩摩・長州　イ 国会
(2)自由民権運動
(3)ア (例)中止　イ 署名

考え方 板垣退助は、土佐藩の出身です。薩摩・長州藩の出身者ばかりの政府を去って、自由民権運動を指導し、自由党を結成しました。
(3)西南戦争以降、政府批判は武力によるものから言論へとかわり、絵のような演説会が全国で開かれるようになりました。

39 大隈重信

p.79 大隈重信　立憲改進党　政党

①自由民権運動
②立憲改進党　③自由党

p.80 **1** (1)①福沢諭吉
②薩摩藩　長州藩(順不同)
(2)①長崎　②板垣退助
③佐賀藩　④立憲改進党

考え方 大隈重信は、長崎で英語を学んだことが、維新後の政治活動に役立ちました。鉄道建設に尽力し、イギリスから機関車を購入する交渉にも語学は役立ったはずです。郵便制度を確立した前島密と親しく交際したことも殖産興業の仕事を助けました。国会開設をめぐって対立してからは、伊藤博文とは犬猿の仲となりました。その後も大隈は政党をつくったり内閣を組織したりしました。

40 伊藤博文

p.81 伊藤博文　内閣制度
大日本帝国憲法

①ドイツ
②大日本帝国憲法
③内閣制度

p.82 **1** (1)(例)(10年後の)国会の開設
(2)ア 皇帝　イ ドイツ
(3)内閣総理大臣
(4)ア 天皇　イ 国民
(5)①天皇　②神　③天皇　④法律
⑤貴族院　衆議院(順不同)

考え方 伊藤博文は松下村塾に学び、木戸孝允らに従って倒幕運動に参加しました。明治政府で岩倉使節団に加わり欧米を視察したことが、帰国後の近代化政策にえいきょうしています。西南戦争で西郷が自決し、同年木戸が死去、翌年大久保利通が暗殺されたので、伊藤は藩閥政治の中心となりました。
(5)①は第1条、②は第3条、③は第11条、④は第29条、⑤は第33条に書かれています。

41 陸奥宗光と小村寿太郎

p.83 陸奥宗光　小村寿太郎　関税自主権

①領事裁判権(治外法権)　②下関条約
③日英同盟　④ポーツマス条約

p.84 **1** (1)①イギリス　②日本
(2)領事裁判権(治外法権)
(3)陸奥宗光
(4)関税自主権
(5)小村寿太郎
(6)①イ　②ア

考え方 陸奥宗光は紀州藩(和歌山県)の出身ですが、江戸に出た後、坂本龍馬の海援隊に加わったり、岩倉具視と会い、開国政策を進言したりしました。新政府の一員となり、伊藤博文内閣の外務大臣として領事裁判権(治外法権)の撤廃に成功しました。

小村寿太郎は、陸奥に認められて外交官になりました。1901年には外務大臣となり、翌年、イギリスと日英同盟を結びました。日露戦争の講和会議に全権として出席し、ポーツマス条約を結びました。

42 東郷平八郎

p.85 東郷平八郎　日露戦争　日本海海戦

①日露戦争　②日本海海戦
③アメリカ

p.86 ❶(1)ア朝鮮　イ日本　ウ清　エロシア
(2)日露戦争
(3)清(中国)
(4)①東郷平八郎　②日本海海戦
(5)アメリカ

考え方 薩摩で生まれた東郷平八郎は、15才のときに薩英戦争に参加し、この戦争の教訓で「海から来る敵は海で防がねばならぬ」と決意しました。1871年から7年間、イギリスに留学し、イギリス海軍の戦略・戦術を学ぶだけでなく、ヨーロッパの歴史書も読み、勉強しました。日本海海戦での勝因は、留学時代に身に付けたち密な計算と合理性にありました。

(1)この絵は、フランス人がひにくをこめてえがいたものです。朝鮮を魚にたとえるなど、当時の日本や欧米諸国が、朝鮮をさげすんでいたことがわかります。

43 与謝野晶子

p.87 与謝野晶子　短歌　日露戦争

①「君死にたまふことなかれ」　②日露戦争

p.88 ❶(1)ア日露　イ君死にたまふことなかれ
(2)堺
(3)旅順
(4)アメリカ

考え方 与謝野晶子は与謝野鉄幹と恋に落ち、自分の感情に正直に行動し、鉄幹と結婚しました。晶子は12人の子どもの母親として、文筆で生活をささえました。

(3)旅順(リュイシュン)は、中国東北部リャオトン(遼東)半島の南端にあります。日露戦争での激戦地でした。

44 野口英世

p.89 野口英世　黄熱病　北里柴三郎　志賀潔

①北里柴三郎
②志賀潔　③へび毒

p.90 ❶(1)①北里柴三郎　②赤痢菌
(2)ロックフェラー
(3)①ガーナ　②黄熱病

考え方 学閥の強い日本の医学界を離れて、アメリカにわたったことから、野口英世の人生が開けていきました。そこでのへび毒、梅毒の研究で、欧米で野口の名が知られるようになり、ノーベル賞候補となるほどの活やくをとげました。

45 田中正造

p.91 田中正造　足尾銅山　公害

①栃木県　②衆議院　③公害

p.92 ❶(1)足尾銅山
(2)渡良瀬川
(3)栃木県　群馬県　茨城県　埼玉県(順不同)
(4)ア木　イ魚　ウ農作物
(5)足尾銅山鉱毒事件
(6)(例)天皇に直訴した。

考え方 明治政府にとって、銅は、生糸・綿糸につぐ重要な輸出品で、戦争を遂行するにも銅は必需品でした。田中正造が足尾銅山の鉱毒事件を世の中にうったえ続けたのは日清・日露戦争の時期と重なります。足尾で銅が大量に生産され、鉱毒がたれ流されたからです。足尾銅山鉱毒事件は現代にもつながる公害の原点だったのです。

46 平塚らいてう(ちょう)

p.93 平塚らいてう　市川房枝　新婦人協会

①平塚らいてう
②市川房枝　③新婦人協会

p.94 ❶(1)①太陽　②月
(2)市川房枝
(3)ア25才　イすべての男子

考え方 明治時代の女性には選挙権がありませ

んでした。「女に学問はいらない」ともいわれ、小学校を出て男子が進む学校が中学校なのに、女子が行く学校は高等女学校で、ここでの規則は「賢母良妻たらしめる」でした。それでも女子の小学校への就学率は1908年には100%に近づき、高等女学校の数も、1910年には193校となりました。こうした動きが「青鞜」を誕生させたのです。

47 まとめのテスト3

p.95 **1** (1)(あ)明治(時代) (い)大正(時代)

(2)ア② イ⑥ ウ③ エ⑤ オ① カ⑦ キ⑧ ク④

(3)①西郷隆盛 ②平塚らいてう

(4)A木戸孝允 B伊藤博文 C陸奥宗光 D小村寿太郎

p.96 **2** (1)ア大久保利通 イ伊藤博文 ウ野口英世 エ岩倉具視 オ東郷平八郎 カ平塚らいてう

(2)日本海海戦

3 (1)ア天皇 イ議会

(2)大日本帝国憲法

(3)板垣退助

(4)自由民権運動

考え方 **1**は、明治からの世を整理するひとつの方法として、年表を使った問題です。ここで注意したいのは、年表は、明治・大正時代で構成されていますが、このあとには昭和と平成時代があります。また、ここでは、そのほとんどが明治時代になっています。近代日本の出発点の時代ですから、政府ができ、議会・憲法がつくられ、やがて戦争をへて海外に進出していく姿をきちんと整理しましょう。

48 しあげのテスト

p.97 **1** (1)①奈良(時代) ②平安(時代) ③室町(時代) ④江戸(時代) ⑤明治(時代)

(2)ア⑤ イ⑦ ウ④ エ⑧ オ⑨ カ② キ⑩ ク⑥ ケ③ コ①

(3)(あ)平城京 (い)平安京

(4)(う)応仁の乱 (え)帝国議会

(5)A隋 B唐 C元 D清

p.98 **2** (1)ア行基 イ紫式部 ウ近松門左衛門 エ与謝野晶子 オ足利義満 カ伊能忠敬

(2)ア奈良時代 イ平安時代 ウ江戸時代 エ明治～昭和時代 オ室町時代 カ江戸時代

3 (1)Ⓐ長州(藩) Ⓑ薩摩(藩)

(2)自由民権(運動)

(3)①木戸孝允 ②伊藤博文

考え方 人物を時代順に整理するには、人物を知ることとともに、それぞれの時代を知らないと整理できません。そこでやはり年表が整理のためには必要です。しかし、時代が日本の歴史全体となるので、まずは、時代の流れをおさえ、その上で、それぞれの時代の特徴をとらえることが大切です。このドリルでは、どの回でも、「きほんのドリル」の下部に時代の帯がついています。それぞれの人物の学習のとき、どの時代なのかをしっかりおさえておきましょう。

1 (5)Aは遣隋使、B鑑真は唐の名僧、Cは元寇、Dは日清戦争です。

◆**写真提供**　「大政奉還」邨田丹陵筆 聖徳記念絵画館蔵
宮内庁三の丸尚蔵館　正倉院宝物　国立国会図書館ウェブサイトより
ColBase(https://colbase.nich.go.jp/)　慈照寺　時事通信フォト　聖徳記念絵画館
東京大学大学院法学政治学研究科附属近代日本法政史料センター明治新聞雑誌文庫
徳川美術館所蔵©徳川美術館イメージアーカイブ/DNPartcom　平等院　毎日新聞社　横浜開港資料館
鹿苑寺
◆**歴史人物イラスト・4コマまんが**
松尾 達